KB235056

멘토의 체계적인 양성방법

희망 PLUS 멘토 열풍

오늘날 우리 사회는 멘토 열풍에 휩싸여 있다고 해도 과언이 아니다. 매일매일 신문에서, 방송에서, 대학에서, 정부기관에서 그리고 기업 등 각 조직에서 멘토의 아름다운 동행과 나눔을 통하여 각계각층에 희망을 불어넣고 있는 것이다.

그러나 한편으로 염려가 되는 것은 멘토의 현실은 '눈은 풍년이나 입은 흉년으로 멘토 열풍에 비례해서 성과를 거두지 못하는 것' 같고 '처음은 화려하게 출발하나 그 결과는 그렇지 못한 점'도 있어 아쉬움을 남긴다.

그러면 과연 멘토 열풍이 처음 희망처럼 어떻게 지속되고 만족할 만한 성과를 거둘 수 있는가? 이 책은 여기에 대한 대답으로 첫째 멘토에 대한 올바른 이해, 두 번째는 Best 멘토를 양성하는 방법, 세 번째는 만족한 성과를 거둘 수 있도록 체계적인 멘토링 프로그램을 대안 전략으로 제시한다.

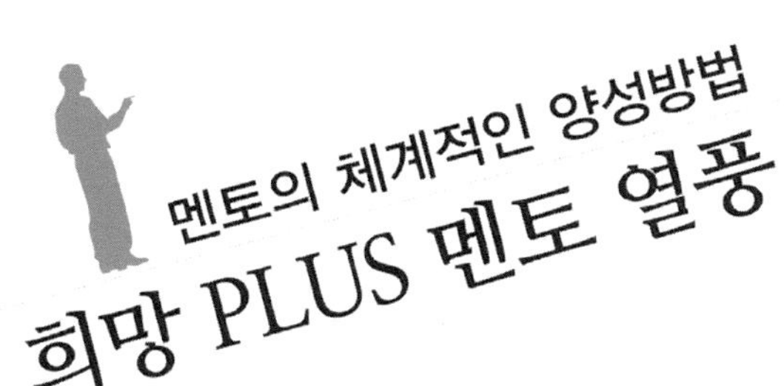

멘토의 체계적인 양성방법

희망 PLUS 멘토 열풍

류재석 지음

이담 Books

이 책의 서문(Preface)

멘토링은 두 사람이 한마음으로 하나 되어 희망을 만들어 가는 삶의 한 과정이다. 반갑게도 오늘날 우리 사회 각계각층에서는 멘토링 열풍이 불고 있다. 저자는 국내에서 유일하게 멘토링 전문업체 운영 13년 만에 이러한 현상을 긍정적인 차원에서 격세지감으로 생각하면서 오늘날 멘토의 열풍을 희망차원에서 한편으로 기쁘고 한편으로는 전문가 입장에서 염려도 되어진다.

멘토링 열풍에 관한 구체적인 사례로 저명인사, TV 오디션, 정부기관에 이어 3개 신문사 사례로 중앙일보는 공부의 신인 '공신멘토'를, 매일경제는 공부의 달인으로 '달공 멘토'를, 그리고 조선일보는 맛있는 공부로 '맛공멘토'를 슬로건을 걸고 각 영역별로 경쟁적으로 멘토열풍을 주도하여 각계각층 저변에서 희망이 싹트는 현장을 목격할 수 있는 것이다.

그러한 반면 우울한 분야는 오늘날 교육의 뒤틀린 현장에서 지식편중으로 딱딱한 엘리트 양성을, 업무편중으로 전문인 양성을, 기술편중으로 기술자 양성을 만드는 데 열을 올리고 있는 안타까운 편중된 인재개발의 실정이다. 그러나 멘토링은 기술자를 만드는 것이 아니고 그 기술자를 인간 냄새가 물씬 풍기는 인간으로 만드는 데 목적을 두고 있는 것이다.

특히 멘토링은 전인적인 인격개발을 통하여 1) 지식멘토링으로 재능을 나누는 엘리트양성, 2) 감성멘토링으로 통큰 사랑을 베푸는 사람, 그리고 3) 의지 멘토링으로 타인 섬김의 지, 정, 의를 갖춘 균형인간을 양성하는 데 희망 Plus 멘토링 프로그램을 활용하고자 하는 것이다.

특히 저자는 이책에서 3250년(B.C. 1250년 Troy 전쟁 기점)의 전통적인 멘토링의 전인적인 인격프로그램으로 멘토링의 열풍적인 활동사례를 소개하고 다음으로 올바른 멘토링 개념과 체계적인 시스템 운영방법을 제공함으로써 행복한 개인의과 희망찬 조직을 구축하는 데 힘을 보태고자 한다.

이 책의 내용(Contents)

Part 1. Mentor 스토리(Story)

멘토의 개념을 요약하자면 B.C. 1250년 트로이 전쟁 기점에서 등장하는 멘토(호머의 저서 그리스신화)는 21C 오늘날 멘토링의 열풍 시대에 이르기까지 3,250년이란 긴 세월이 계산된다.

예나 지금이나 변함없는 멘토의 공통점은 "전인적인 멘토정신"이다. 즉 인격프로그램으로 인간을 인격적으로 존경받는 리더로 양성하는 인간성장 프로젝트인 것이다.

Part 2. Mentor 리더십(Leadership)

멘토 리더십 개발 개념: 전인적인 인격(지, 정, 의의 균형 인간) 개발 프로그램으로 A Person을 A Leader 곧 자신과 같은 멘토 리더로의 재생산(Reproducing)을 의미한다.

멘토 리더십 개발 방식: 다이아몬드와 같은 4가지 단계(4-Step)로 인재개발, 조직개발, 성과개발 Mentor Leadership 개발을 말한다.

Part 3. Mentor 스킬(Skill)

이번 멘토열풍 사례는 청와대를 비롯한 정부 중앙부처 5곳을 살펴봤다. 기본적으로 멘토제도는 오늘날 한 사람을 1:1 방법으로 단기간

내에 확실한 변화를 도출해 내는 인재개발의 최적 방법으로 각광받고 있다.

그러나 멘토링 현장에서는 멘토에 관한 체계적이나 전문적인 양성 없이 성과만을 기대하는 것이 비일비재하다. 이번 3차에서는 멘토활동 성공률을 높여주는 3가지 촉진기술 개발법을 다루었다.

Part 4. Mentor 전략(Strategy)

이번 멘토열풍 사례는 대학생멘토 프로젝트로서 신문사와 대학교와 사회단체에서 대학생멘토 활동사례를 소개한다. 특히 멘토 열풍 속에서 성공률을 높이기 위한 전략으로 7 Step과 멘토 미팅활동 365 프로젝트로 체계적인 멘토활동 프로그램을 소개한다.

Part 5. Mentor 행동지침(Acting Rule)

오늘날 우리 사회에는 멘토 열풍이 불고 있다. 이에 보완하는 프로그램으로 멘토와 멘제가 멘토링 활동에서 일정 기간에 일정한 목표를 갖고 활동하는 데는 거기에 상응하는 행동지침(Acting Rule)이 필요하게 된다.

여기에 첫 출발부터 마무리할 때까지 멘토의 성공적인 활동을 촉진을 위하여 운영에 필요한 12가지 행동지침을 소개한다.

이 책의 출간 감사(Thanks)

멘토링 코리아 설립 당시(1998. 2. 1) Bob Biehl 박사(美 멘토링전문가) 와 William Gray 교수(加 브리티시 대학)로 부터 전화 이메일 책자 등의 귀중한 자료를 제공 받은 것에 대하여 두 분에게 진심으로 감사를 드린다.

초창기부터 한국적인 정서에 맞는 올바른 이론 정립과 생산성 확보에 필수적인 실행 프로그램을 개발하는 데 전문연구원으로 동참한 민홍기 박사, 김영회 박사, 최창호 박사, 최명국 박사, 탁충실 위원, 그리고 최근에 합류한 김순환 박사, 이제빈 박사, 한광훈 박사, 김해영 박사, 조병용 박사, 김동철 박사, 김성일 군목, 조주영 박사, 안만수 박사, 전종현 위원, 박화현 위원, 문일상 위원에게 감사를 드린다.

멘토링 자격증을 취득하고 전문업체로 멘토링 보급에 파트너십을 하고 있는 김호정 원장(멘토링솔루션), 이용철 원장(한국멘토링코칭센터), 나병선 대표(멘토링코리아컨설팅), 홍은경 소장(핸즈코리아), 이영남 대표(SMI KOREA)와 신정범 목사(청소년멘토링원장), 이순길 목사(멘토링교회개발원장) 등 현장에서 멘토링 보급에 앞장서고 있는 71명 멘토링지도사에게 감사를 드린다.

멘토링 불모지 한국에서 정부기관 도입에 앞장선 노동부 정원호 서기관, 농림수산부 신경순 사무관, 지식경제부 김영화 서기관, 행정

안전부 이정래 서기관, 그리고 교육과학기술부 임용우 팀장, 한국장학재단 이경숙 이사장님, 아세아연합신학연구원 공보길 원장님께 감사를 드린다.

멘토링은 저자에게 하나님이 25년 만에 기도의 응답으로 주신 선물(Gift)이다. 이에 감사하는 마음으로 멘토링에 열정을 가지고 다이아몬드와 같은 고품질의 프로그램으로 개발하여 1) 하나님께 영광, 2) 조직개발에 기여, 그리고 3) 많은 사람에게 유익을 주어(고전 10:31∼33) 하나님의 은혜에 보답하고자 한다.

저자의 멘토로서 8년간 저자에게 청교도 삶을 각인시킨) 故 김용기 장로님(1980∼1988, 가나안농군학교설립자)과 대를 이어 멘토링 관계를 이어오고 있는 김평일 가나안농군학교교장께 감사를 드린다.

이번 책은 그동안 저자의 기도의 응원군인 서현교회 김경원 목사님과 성도님들, 그리고 저자의 에너지 근원이 된 아내 임금자를 포함한 가족 류환, 류현, 한현숙, 류경헌, 류나안, 안성훈, 류지영, 안서연 모두에게 감사를 드린다.

마지막으로 어려운 여건 속에서도 기꺼이 출판을 맡아 수고한 한국학술정보㈜ 출판사 임직원들께 심심한 감사를 드린다.

2011. 10. 04
저자 류재석

CONTENTS
목 차

Part 1

Mentor 스토리 Story

멘토의 개념을 요약하자면 B.C. 1250년 트로이 전쟁 기점에서 등장하는 멘토(호머의 저서 그리스신화)는 21C 오늘날 멘토링의 열풍 시대에 이르기까지 3,250년이란 긴 세월이 계산된다.

예나 지금이나 변함없는 멘토의 공통점은 "전인적인 멘토 정신"이다. 즉 인격프로그램으로 인간을 인격적으로 존경받는 리더로 양성하는 인간성장 프로젝트인 것이다.

Chapter

멘토 희망열풍
: 저명인사

1. 멘토의 필요성: 고도원의 아침편지

멘토(Mentor) 2011. 08. 11

우리 모두

인생의 어느 때에 이르면 멘토가 필요하다.

멘토란 우리를 안내하고 보호하며 우리가 아직

경험하지 못한 것을 체화한 사람이다. 멘토는

우리의 상상력을 고취시키고 욕망을 자극하고

우리가 원하는 사람이 되도록 기운을 북돋워준다.

멘토는 우리가 그를 필요로 할 때 나타나서

우리 삶을 풍요롭게 해주는 대부나

대모와 같다고 할 수 있다.

　－플로렌스 포크의 ≪미술관에는 왜 혼자인 여자가 많을까?≫ 중에서

*멘토가 있으신가요?

자기 아들딸처럼, 제자처럼, 친구처럼

전인적으로 돌봐주는 사람. 때로는 내가 꿈꾸었던 것

이상의 꿈을 이루도록 챙겨주고 지원해주는 사람.

진정성이 있고, 사랑이 있고, 가슴이 따뜻하고,

세상 보는 눈이 긍정적이고, 인내할 줄 알며

나를 이끌어주는 사람. 이런 멘토가 있는

사람은 행복합니다. 행운아입니다.

(2009년 8월 12일 앙코르메일)

2. 멘토넷: 이경숙 장학재단 이사장의 글

3번째 멘토링: 한국장학재단 이경숙 이사장님과의 만남

프랑스어로 '고귀한 신분에 따르는 도덕적 의무'라는 뜻의 '노블레스 오블리주(Noblesse oblige)'. 이 말은 유럽의 상류층에 그 뿌리를 두고 있는데, 시대와 국가를 뛰어넘어 사회를 지켜가는 버팀목 역할을 해왔다.

로마시대 귀족들은 평민보다 많은 세금을 부담하고, 전비조달을 위한 국채 발행 시 평민들에게 부담을 주지 않아 존경받았다. 존경받는 지도층을 중심으로 단결하여 강성해진 로마는 사회적 역량을 바탕으로 명장 한니발의 카르타고 군대를 대파하고 유럽을 주도하게 된다. 팍스로마나(Pax Romana)가 실현되고 나서도 많은 귀족들이 공공사업에 자신의 재산을 기부하는 것을 명예롭게 여겼다.

존경받는 지도층이 버팀목

현대 스웨덴의 명문가인 '발렌베리' 가문은 스웨덴 GDP의 약 30% 정도를 차지하는 발렌베리그룹을 이끌고 있다. 우리 귀에 익숙한 기업으로 에릭슨이나 사브, 엘렉트로룩스 같은 기업들이 그 소속이다. 5대에 걸쳐 150년을 지켜온 이 가문의 가훈은 '존경받는 부자가 되어라'라는 것. 이 그룹 산하기업들의 시가총액은 스웨덴 증시의 50%를 넘는 엄청난 규모지만, 가문이 보유한 주식과 재산은 다 합쳐도 약 320억 원 정도다. 스웨덴의 내로라하는 부자들보다도 상대적으로 재산이 적은데, 그 이유는 그룹의 이익이 모두 재단으로 들어가기 때문이다. 이 가문이 기부와 자선에 쏟는 진정성은 생활태도에서도 배어나는데, 어릴 때부터 형제자매의 옷을 물려 입는 것 정도는 너무나 기본적이고 당연한 전통이다. 사소한 생활에서부터 기업 경영에 이르기까지 이들이 앞장서 모범을 보임으로써 스웨덴 국민들로부터 존경받게 된 것이다.

이처럼 시대와 나라마다 형태나 분야는 다르지만 지도층이 솔선수범하여 사회에 공헌하는 전통은 그 나라의 힘을 모으고 키우는 데 큰 역할을 해 왔다. 21세기 한국에도 노블레스 오블리주를 추구하는 다양한 각도의 노력이 절실하다.

이번 학기에 한국장학재단을 통해 학자금 대출을 받은 학생은 약 40만 명, 국가장학금을 받은 학생은 약 12만 5,000명에 이른다. 재단은 이들을 포함한 우리의 젊은이들을 능력과 인성을 갖춘 대한민국의 미래 인재로 육성하기 위해 새로운 프로그램을 준비 중이다.

필자는 이 프로그램을 '한국 인재 멘토링 네트워크(Mentoring Network)'의 줄임말인 '한국 멘토넷(Mentornet)'이라고 부르는데, 우리나라 각 분야 CEO와 저명인사 100분께서 뜻을 함께해 주시기로 했다. 사회와 국가로부터 부여받은 많은 기회의 바탕 위에 최고의 자리까지 성장한 분들이 자신의 경험과 지식을 젊은 인재들에게 전수함으로써 스스로 받았던 유무형의 혜택을 사회에 환원하겠다는 것이다.

'한국 멘토넷'에 기대 커

한국 멘토넷에 참여하는 분야별 지도자들은 그 분야에 관심 있는 10명의 멘제들과 한 달에 두 번 정도 만나 인생의 선배로서 줄 수 있는 교훈과 함께 해당 분야에 대한 전문적인 상담역을 해줄 것이다. 멘제 학생들로서는 참으로 소중한 기회를 얻게 되는 것이고, 멘토로 참여하실 분들도 큰 기대감과 설렘을 표현하셨다.

광주과학기술원, 울산과학기술대, 포항공대, 한국과학기술원 등 4개 이공계 대학과 조만간 협약을 맺어 국가장학금을 받는 해당 대학의 젊은 인재들이 고등학교에서 추천받은 학생들을 대상으로 지식나눔 활동을 전개하도록 도울 예정이다.

경제적인 기부를 통해 사회에 환원하는 것도 노블레스 오블리주의 중요한 방식이다. 더불어 어렵게 성취한 수준 높은 경험과 지식을 후배 세대에게 전수하는 또 하나의 사회공헌이 태동하고 있다.

대학생부터 지도층에 이르기까지 참여하는 '지식으로 펼치는 노블레스 오블리주'가 우리 사회에 신선하고 감동적인 바람을 일으켜 사랑의 띠로 엮어지기를 기대해본다(국민일보 이경숙 칼럼 2010. 04. 22).

3. 멘토열풍시대: 고승덕 국회의원의 글

출생: 1957년 11월 12일(광주광역시)
소속: 한나라당(국회의원)
학력: 컬럼비아대학교 로스쿨 법무학 박사
수상: 2009년 바른사회시민회의 대학생 의정 모니터단 인상 깊은 의원 선정
　　　2008년 국정감사 우수국회의원상
경력: 2008. 05~ 제18대 한나라당 국회의원

요즘 대한민국엔 멘토(mentor) 열풍이 불고 있다. TV 예능프로그램에서 합창단을 지휘하던 박칼린 씨가 '폭풍적 인기'를 끌었고, 각종 오디션 프로그램에서도 가수지망자들을 지도하는 멘토들이 나와 자신이 직접 뽑은 지망자를 가르치는 멘토링을 보여준다.

그룹 '부활'의 리더인 가수 김태원 씨는 무명생활 20년 동안의 경

험을 들려주며 그들을 격려하는 모습이 큰 공감을 얻으면서 '이상적 멘토'로 꼽히고 있다. 그뿐 아니다. 대학생과 중·고등학생들이 1대 1로 멘토-멘제(mentee)가 돼 대학에 들어가는 동기를 부여하고 학습능력을 향상시키는 프로그램도 각종 지자체와 학원 등에서 유행처럼 번지고 있다.

'멘토'란 그리스 신화에서 유래한다. 트로이전쟁에 나가는 이타케 섬의 왕 오디세우스가 어린 아들 텔레마쿠스를 친구이자 조언자인 멘토에게 맡기고 떠났다. 멘토는 오디세우스가 돌아오기까지 텔레마쿠스를 20여 년간 아버지 대신 돌보고 교육하며 오디세우스의 뒤를 이을 후계자로 성장시켰다. 이 때문에 고유명사였던 멘토는 '지혜로운 조언자'라는 뜻을 가진 보통명사가 됐다.

필자가 멘토를 경험하게 된 것은 벌써 30년 전의 일이다. 미국 예일대 로스쿨로 공부하러 갔을 때 기숙사를 배정받음과 동시에 멘토를 배정받았다. 그 대학에서는 입학생이 들어오면 같은 과 선배들을 멘토로 연결시켰다. 외국인인데다 영어도 능숙지 않은 필자는 그 멘토 덕분에 학교생활에 잘 적응할 수 있었다.

당시 필자의 멘토는 기숙사 빨래방에 있는 기계 중 어떤 기계가 좋은지에서부터 대학교 앞 맛집, 동아리 소개, 그리고 교수들의 버릇과 성향. 심지어는 어떤 문제가 자주 출제되는지에 대한 시험 노하우까지 전수해주었다.

필자도 학년이 올라가면서 후배 멘제들에게 멘토해주면서 선배 멘토가 베푼 고마움을 조금은 갚은 것으로 느꼈다. 그때 선배 멘토에게 받은 족집게 노트를 아직도 기념 삼아 가지고 있는데, 볼 때마다 그때 일이 새록새록 떠올라 즐거운 추억에 잠기곤 한다.

그러고 보면 멘토라는 이름은 아니더라도 우리에겐 훌륭한 인생의 조언자가 많이 있었다. 어렸을 때는 부모님과 조부모님이 계셨고, 대학생활이나 직장생활을 하게 되면서부터는 고향이나 중고등학교 선배들이 자연스레 조언자가 돼 주었다.

그런데 지금 '멘토'에 새삼 포커스가 맞춰지는 이유는 뭘까. 그만큼 세상이 복잡해져 인간관계에 의한 자연스런 조언으로는 세상살이에 대한 지식을 얻기가 힘들기 때문일 수도 있고, 좀 더 적극적이고 전문적인 조언을 통해 만족스런 결과를 하루빨리 얻어야 할 정도로 하루하루가 절박하기 때문일 수도 있다. 그리고 어쩌면 지금 우리 사회에 진정한 '멘토'의 존재가 목마르기 때문일지도 모르겠다. -고승덕 <국회의원(한국경제 2011. 07. 14. 인용)>

4. 팀쿡/놀라운 멘토 스티브 잡스의 기사

애플 차기 CEO 팀 쿡

뛰어난 창의력과 혁신으로 애플의 성공신화를 이끌었던 스티브 잡스가 24일(현지시간) 돌연 CEO직에서 물러남에 따라 앞으로 애플을 이끌 후임자인 팀 쿡(Tim Cook, 50)에게 업계의 관심이 쏠리고 있다.

스티브 잡스에 이어 애플의 최고경영자(CEO) 자리에 오른 팀 쿡이 전 직원들을 상대로 한 내부 이메일을 통해 "애플은 변하지 않을 것"이라고 강조했다고 미 현지 언론들이 25일 보도했다.

4단락으로 된 팀 쿡의 이메일은 CEO 교체에 따른 직원들의 불안을 달래기 위해 작성된 것으로 보인다고 현지 언론들은 전했다.

팀 쿡은 "세계에서 가장 혁신적인 기업의 CEO로 봉사할 수 있는 놀라운 기회를 잡게 돼 기쁘다"라면서 "애플에 들어온 것은 내 일생의 가장 최선의 선택이었으며, 13년 넘게 애플과 스티브(잡스)와 일한 것은 인생에 있어 최고의 영예"라고 말했다.

그는 이어 **"스티브는 놀라운 리더이자 임원들과 직원들뿐 아니라 나 자신의 멘토였다"**며 "스티브가 이사회 의장으로서 지속적인 지도와 함께 지속적으로 영감을 불어넣어 주기를 고대한다"고 기대했다. 쿡은 이어 "여러분들이 애플이 변하지 않을 것이라는 점에 확신을 가졌으면 좋겠다"며 "나는 애플의 독창적인 가치를 소중하게 여길 것이다. 스티브는 전 세계 어느 기업도 가지고 있지 않은 기업 문화를 만들었으며 우리는 그것을 그대로 유지해 나갈 것이다"라고 강조했다.

그는 "이것은 우리의 DNA"라며 "앞으로도 세계 최고의 제품을 만들어 고객들을 기쁘게 하고 직원들이 자신들이 하는 일에 대해 자부심을 가질 수 있도록 할 것"이라고 말했다.

쿡은 "애플을 사랑하고 새 직분에 충실할 것"이라며 "이사회와 경영진들, 직원 여러분들의 전폭적인 지원이 나를 격려해주고 있다. 우리들의 최고의 날이 우리 앞에 펼쳐져 있으며 함께 지금까지 그랬던 것처럼 애플을 마법의 장소로 만들어 갈 것이다"라고 덧붙였다(연합뉴스 2011 8 26).

2장

멘토 모델
: 인격적인 활동기준

1. 개인: 고대 철학자에서 인격 활동 멘토영역

학문의 영역은 스승과 제자 간의 인격활동이다

학문영역의 인격 멘토링 사례로는 철학의 원조인 소크라테스와 제자 플라톤, 플라톤과 아리스토텔레스, 그리고 아리스토텔레스와 알렉산더 장군으로 이어지는 전형적인 멘토링이다.

두 사람 간의 아름다운 삶의 동행이 전인적인 지원의 인격적인 생활로 이어지고 학문계승의 큰 족적을 이루게 된 것이다.

특이하게도 플라톤은 형이상학의 원조인데 그의 제자 아리스토텔레스는 형이하학의 원조가 되었다. 이와 같이 인격적인 멘토링은 통솔이나 주입식이 아니라 인격의 평등 속에서 자기의 적성을 그대로 발휘하는 인간성장 프로그램으로 -된 사람, -든 사람, -난 사람이라는 선순환의 과정으로 리더개발이 이루어지는 것이다.

철학	1대	2대	3대	비고
멘토	소크라테스	플라톤	아리스토텔레스	
멘제	플라톤	아리스토텔레스	알렉산더 대왕	

소크라테스는 제자인 플라톤에게 이렇게 말했단다.

"나는 내가 아는 것이 없다는 것을 알고 있어. 진정한 지혜란 바로 자신의 무지(無知, 아는 것이 없음)를 인정하는 거야! 무엇이든 물어보는 사람은 모든 것을 아는 척하는 사람보다 지혜로운 사람이다."

그는 '너 자신을 알라'라는 말을 했지. 물론 그가 한 말이 아니고 델포이 신전에 있던 말인데 소크라테스가 한 말로 유명해졌어. 아이들에게 "이 말의 뜻이 무엇일까"라고 물었더니 어떤 아이는 "'너나 잘하세요'라는 뜻"이라고 말하고, 또 어떤 아이는 "'네 분수를 알라'라는 의미"라고 말하더라고.

2. 조직: 가정에서 인격 활동 멘토영역

가정영역은 자녀와 부모 간의 전인적인 인격 활동이다.

가정은 이 세상에서 가장 행복한 조직이다. 이곳은 엄한 아버지와 따뜻한 어머니가 수위 조절을 하면서 자녀와 아름다운 동행으로 삶의 터전을 이루었기 때문이다.

명필가 한석봉을 길러 낸 떡장수 멘토 어머니, 대학자 이율곡을 길러 낸 멘토 신사임당 어머니, 그 유명한 맹자를 길러 낸 지혜로운 맹모삼천지교, 과학자 뉴턴을 재개발한 어머니, 아인슈타인의 가치를 재개발한 어머니 등 자녀를 위한 인격 멘토로 이루 헤아릴 수 없이 많다.

대화와 토론의 장으로 구축된 유대인의 가정 교육과 어머니의 자녀사랑 멘토링 프로그램을 보면서 오늘날 한국 가정의 심각한 문제는 자녀들을 아예 인격은 제쳐놓고 사랑이 아닌 돈으로 키우려는 위험천만한 발생이다.

GE 그룹 잭 웰치 전 회장은 자신의 위대한 스승으로 어머니를 꼽아 공감을 얻기도 했다.
어릴 적 말을 더듬는 습관이 있었던 웰치에게 어머니는 늘 "네가 말을 빨리 못하는 이유는 너무 똑똑하기 때문이란다.
다른 사람보다 두뇌 회전이 빨라서 말이 네 생각을 못 좇아가는 거야"라고 말해주었다.

3장
| 멘토 교실(Study)

　오늘날 멘토 열풍 속에서 멘토를 통하여 개인과 조직에서 성과를 거두기 위해서는 가장 먼저 멘토에 관한 개념(Concept)정리를 분명히 하는 것이다.

　금번 멘토교실에서는 4차에 걸쳐 1) 멘토에 관한 기본 Story와 개념정리, 2) 멘토 인재양성 리더십, 3) 멘토활동 성공률을 높이기 위한 스킬(Skill) 그리고 체계적으로 양성하고 효과적으로 활용하는 4) 멘토전략(Strategy)을 다룬다.

　첫 번째로 멘토 Story를 멘토의 유래, 멘토정신, 그리고 멘토의 효과성 등 3가지 주제로 나누어 다루어 보기로 한다.

1. 멘토 이야기(Story)
2. 멘토 정신(Spirits)
3. 멘토 효과(Effects)

1. 멘토 이야기(Story)-3가지 유래

인류역사 이래로 오늘날까지 멘토링제도는 인간의 관계본능 지향으로 사회 구석구석에 자리잡아 왔는데 이와 같이 개인 간 만남과 헤어짐이 자유롭게 이루어지는 형태를 전통적 멘토링(Typical Mentoring)이라 부른다. 이러한 멘토 프로그램은 미래에도 인간이 존속하는 한 널리 활용될 것으로 예견한다.

멘토링 및 후견인제도가 역사의 흐름 속에서 발전적으로 체계와 철학을 정립하게 되는데 저자는 여기에서 세 가지의 면에서 검토했다.

그의 한편은 유대 나라를 중심으로 한 잔닥(Zantak)제도와 그리스를 중심으로 발전한 멘토(Mentor)제도, 그리고 국내 이씨조선의 왕사(王師) 제도를 사례로 소개하고자 한다.

1) 잔닥제도(Zantak System)

잔닥(Zantak)제도는 인류 역사상 가장 오래된 멘토제도로 B.C. 1440년 유대인 지도자 모세시대의 할례 예식에서 유래한다.

기독교 신앙의 본산지인 유대 나라의 히브리 문화권에서 구약 모세(B.C. 14C) 오경에서 남자아이 출생 8일 만에 하나님과 약속한 할례(창 17:10~27) (음경 포피 수술) 시술 장면이 나오는데 이때 아버지, 모헬(의사), 잔닥(Zantak: 최병덕 교수 저서 참고)이 함께하고 그중 잔닥이 아이를 껴안고 그 후에는 신앙생활과 사회생활 지도를 맞게 되는데 오늘날 유대교의 랍비 제도와 천주교의 대부제도가 그 그림자라고 볼 수 있다.

2) 멘토제도(Mentor System)

서양철학의 본산지인 그리스 나라의 헬라 문화권에서 호머의 그리스 신화에 멘토(Mentor)가 처음 등장하게 되는데 이타카 왕의 오디세우스가 트로이 전쟁(B.C. 1250)에 출정하게 되면서 어린 텔레마쿠스 왕자를 친구인 멘토에 맡기고 그 후 귀향하기까지 20년 동안 왕자를 지혜롭고 현명한 왕으로 성장시켰다는 데서 기인하며 오늘날 유럽의 길드, 도제, 마이스터, 국내에서는 수호천사 롤 모델 그리고 북미의 청소년 멘토링(BBS) 등 멘토제도로 전승되었다고 볼 수 있다.

3) 왕사제도(kingteacher System)

국내 체계적인 멘토제도의 시초는 이씨조선 왕사(王師)제도다. 이씨조선(1292~1910)은 세계에서 드물게 단일 성씨로 500년의 역사를 주관해 왔다. 저자는 멘토링식 왕자 교육에서 그 이유를 찾고자 한다.

3정승을 비롯한 고위관리 20명의 1:1개인지도, 하급관리 39명의 학습시중, 전문사서 13명에 의한 서책관리, 단 한 명의 왕세자 교육을 위해 유례없이 많은 인력과 재정을 투입했던 조선시대의 왕세자교육은 <조선왕조실록>을 비롯한 <보양청일기>, <강학청일기>, <육전조례> 등 20여 종의 고서들에 수록되어 있으며 오늘날 사부제도 훈장제도 등으로 부르고 있다.

4) 제도적 멘토링(System Mentoring)

오늘날 조직개발용으로 체계 있게 프로그램을 갖춘 제도적 멘토링은 1970년대 북미지역의 Bobb Biehl(美 MGI 대표), Levinson 교수(예일대), Roche 교수(하버드대), William Gray 교수(加 브리티시대), Howard Hendricks(달라스신학교)에 의하여 열정적으로 기업 학교 교회 공공기관 등 조직개발 프로그램을 개발하면서 맥킨지 컨설팅 그룹, GE 그룹 등에서 모범적으로 앞장서서 실행하므로 조직에서 제도적으로 정착을 이루었다고 볼 수 있다.

5) 멘토링코리아(Mentoring Korea)

국내에 멘토링이 도입 된지는 약 30년 정도로 볼 수 있다. 주로 멘토링을 체험한 유학파 교수들이 귀국하면서, 한편으로는 교회를 중심으로 네비게이터 선교사들이 1:1 성경공부 형태로 부분적으로 도입이 이루어졌다.

국내에 체계적이고 전문적으로 종합프로그램 도입이 시도된 것은 저자의 멘토링코리아 설립(1998년 2월 1일 설립)이 시발점이 되어 류 재석 대표, 탁충실 위원, 민홍기 박사, 김영회 박사, 최창호 박사, 최 명국 박사 등으로 전문연구팀이 구성되어 연구활동의 시점부터라고 볼 수 있다.

2. 멘토 정신(Spirits)-3가지 정신

1) 인격을 갖춘 멘토정신

멘토(Mentor)는 자신의 역량을 발휘하여 전인적인 삶의 조언으로 멘제를 자신과 같은 리더로 재생산하는 역할을 담당하는 사람이다. 그러므로 멘토는 먼저 자신이 인격적인 자질을 갖추는 것이 우선적이다.

한편으로 멘토는 인간을 기술자로 만드는 것이 아니고 기술자를 인간으로 만드는 멘토 프로그램 주관자다. 그러므로 코치라고 해서, 교수라고 해서, 상담자라고 해서, 전문가라고 해서 다 멘토가 될 수 있는 것은 아니다.

바로 멘토는 기술자나 전문가 등 어느 분야에 편중되어 있는 것보다 는 포괄적인 역량을 소유한 자라고 말할 수 있다. 텔레마쿠스 왕자를 지혜롭고 현명한 왕으로 성장시킨 아래에 기술한 최초 멘토의 자질을 인격적인 차원에서 살펴보고 벤치마킹 자료로 활용해 보도록 하자.

최초 멘토:
B.C. 1250년 트로이 전쟁 당시 최초 멘토(호머의 그리스 신화에 등장인물)는 전인적인 삶의
조언자로서 아래 내용의 인격을 주제로 한 자질을 갖춘 사람이었다.

인격		자질(당시 멘토/테레마쿠스 관계에서)	비고
知	스승	가르치기를 좋아하는 스승	
	전문	수학, 철학, 논리학(知情意, 인격상징)의 전공자	
情	관계	왕 등 타인과 관계가 원활한 사람	
	정서	타인과 상담이 잘 이루어지는 사람	
意	존경	당대 온 국민의 존경 대상인 사람	
	리더	당대 최고 지도자로 인정받은 사람	

2) 자율학습자 멘토 정신

멘토링은 전인교육 방법이다. 아니 교육이라기보다는 둘이서 삶을 나누는 것이 정답이다. 멘토링에서는 교육자나 경영자나 목회자이기 이전에 먼저 인격자로서 성숙을 원하는 것이다.

참고로 멘토(Mentor)가 텔레마쿠스 왕자를 위해 특이한 1:1 Tutorial System 상담 학습 방법을 아래와 같이 열거한다.

NO	방식	내용
1	대화식	멘토는 왕자와 대화식으로 교육을 하였다.
2	토론식	멘토는 왕자와 열렬한 토론을 벌였다.
3	문답식	멘토는 질문자이고 왕자는 대답하였다.
4	동료식	멘토는 왕자와 동료처럼 거리를 좁혔다.
5	예화식	멘토는 왕자에게 사물을 예로 들어 설명했다.
6	정서식	멘토는 왕자에게 아버지처럼 정답게 지냈다.

멘토는 왕자가 완전한 인간, 즉 인격자, 용사, 지혜자, 왕으로서 성장하도록 그에 맡긴 임무를 완수하기 위해 온몸을 던져 완벽하게 수

행했으며, 자신의 임무가 완료되었을 때에 미련없이 떠나가는 아름다운 이야기에서 멘토링을 발견하게 되고 1:1 Tutorial System에 대한 상담학습 유래와 인재개발 방법론 그리고 한 사람을 고품격 인재로 성장시키는 최적의 시스템임을 알 수 있다.

Mentoring Tutorial System은 오늘날 1:1 상담 학습이 가능한 교육부분에 아름다운 사례를 갖고 있다. 교수와 학생과의 관계에서 초·중·고교 선생님과 학생과 관계에서 감동적인 사례가 매스컴이나 잡지에 실리기도 하여 많은 사람에게 감동을 주기도 한다.

왜냐하면 학교의 평준화 교육이나 기업의 집단 교육에서는 이러한 사례가 제도적으로 발생확률이 거의 불가능하기 때문이다.

3) 인간가치관 멘토정신

멘토링 선진국에서는 이미 멘제로서 그전에 멘토링 활동을 경험한 사람이 대부분이기에 멘토 선발에 큰 어려움 없이 진행된다. 그러나 한국은 멘토 자체가 생소하고 초창기이기 때문에 멘토 선발에 많은 어려움이 뒤따르게 된다. 그러므로 멘토가 되어야 할 당위성을 설득력 있게 설명해주어야 한다. 특히 오늘날 현재의 자신의 가치를 누리고 있다는 것이 나 이외 많은 사람으로부터 빚진 사람 입장에서 누구나 선배는 후배의 멘토가 되어주어야 하고 어른은 청소년의 멘토가 되어 주어야 하는 것을 타당하게 받아들일 수 있도록 해야 한다.

멘토의 인격정신은 먼저 타인을 배려하는 차원에서 인간가치관을 올바로 정립된 상태에서 멘토로서 역할을 수행해야 한다.

[멘토링의 인간 가치관]

1) 인간은 최고의 가치를 가지고 있다. - 이 세상 만물의 영장이다.

2) 인간은 보석이다. - 탄생할 때 부, 모, 하나님의 3위 일체 보석
과 같은 작품이다.

3) 인간은 승리할 수 있다. - 보통사람은 자기 잠재능력개발이
5%이나, 멘토를 만나면 더 개발할 수 있다.

[오늘날 타인을 배려하는 멘토의 정신]

전인적인 삶의 조언자로서 먼저 인격적인 역량, 전반적인 삶의 활
동 그리고 조언자의 역할을 해주는 사람이다.

1. 전인(인격)적인 기능

1) 경력개발을 통한 - 전문적인 역량 전수 해주는 사람이다.

2) 심리적인 면을 통한 - 정서적인 역량을 전수 해주는 사람이다.

3) 리더 모델로서 - 윤리적이며 의지적인 역량을 전수해주는 사
람이다.

2. 삶의 전반적인 면에서 동행해 주는 사람이다.

1) 가정에서 삶의 내용을 나눈다

2) 직장에서 삶의 내용을 나눈다.

3) 사회생활에서 삶의 내용을 나눈다.

3. 멘제를 위하여 조언자의 역할을 한다

1) 멘토는 조언자이고 멘제는 결정자이다.

2) 멘제가 먼저 질문하고 멘토는 답변자가 된다.

3) 멘토가 멘제를 자기보다 더 훌륭한 사람으로 키운다.

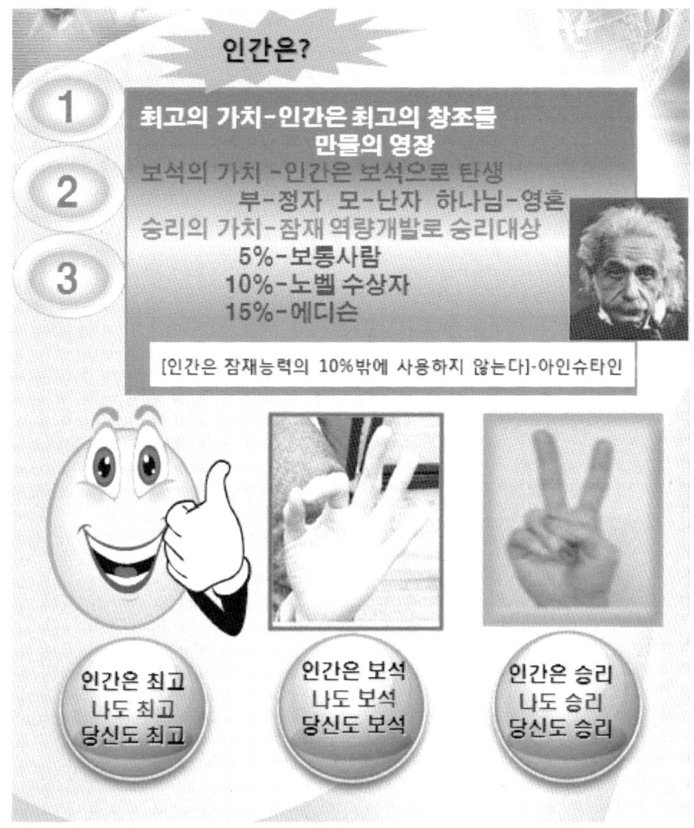

3. 멘토의 효과성(Effects)

1) 오늘날 멘토의 필요성

멘토의 역할은 전인적인 삶의 조언자다. 여기서 전인적이라는 의
미는 지정의(知情意) 인격을 말하며 삶의 의미는 삶의 현장을 말하는

것으로 직장뿐만 아니라 가정, 사회생활까지 삶의 범위를 말하는 것이다. 조언자라는 의미는 일반적인 리더는 주관자이고 지시자인 반면 멘토는 멘제를 앞세워 어디까지나 조언을 해주며 결정은 멘제에게 위임하는 것을 말한다. 한마디로 멘토는 멘제를 자신보다 더 훌륭하게 키우는 재생산(Reproducing), 즉 선순환의 인간경영을 말하는 것이다.

인간 발달을 연구하는 심리학자와 교육가들이 강조하는 중요한 진리 중 하나는 인간은, 특별히 어린이들은 성인들의 말이나 교훈, 강의 등을 통해서 자신의 가치관이나 행위의 기준을 배우는 것이 아니라 성인들의 행동을 보고 직접 배우며 모방한다는 사실이다.

인생이 무엇인지 어떻게 성인이 되어 가야 하는지, 인생을 어떻게 살아야 하는지를 구체적으로 가르쳐 주는 책은 세상에 없다. 그러나 우리의 삶이 중요하고 자신의 세상을 위하여 그 중요한 인생을 바르게 살아야 하며, 인생은 연습하고 실습할 만큼 여분의 시간이 없다는 것은 누구나 다 알고 있다. 이런 삶 속에서 멘토를 가진 사람은 멘토를 갖지 못한 사람에 비하여 엄청난 유익을 가진다.

먼저 멘토링은 멘제에게 전인적인 교육을 가능케 한다. 멘토링을 통하여 멘토와 멘제 사이에 지식이나 기술 전달은 물론, 밀접한 인간관계를 통한 인격과 신앙 교류, 지혜로운 삶의 방식이 전승될 수 있기 때문이다. 멘토가 직장이나 직업상의 선배라면, 멘제는 선배인 멘토의 노하우를 통하여 불필요한 실패나 시간 낭비와 에너지, 자본을 줄이고 성장과 성공의 지름길로 갈 수 있다.

멘제는 또한 멘토를 통하여 정서적인 안정감을 얻게 된다. 인간의 감성은 안정된 삶의 원동력이 되며 건전한 자존감의 기초가 되기 때문에 인생 스승인 멘토의 유무는 멘제의 삶의 내용과 질에 중요한 역할을 한다.

인생에 필요한 많은 외적 요소를 다 갖추었다 할지라도 그 삶의 정서가 불안하고 감성에 문제점들이 있다면 그 인생은 사상누각이 될 가능성이 많다. 감성과 정서는 우리 인생의 초석이라고 할 수 있다.

인생의 기로에서 중요한 결정을 내려야 할 때에 인생의 선배인 멘토의 현명한 조언과 도움은 걱정과 불안 속에서 객관성을 잃고 잘못된 결정을 하기 쉬운 멘제에게 중요한 스승 역할을 해 줄 것이다.

이러한 역할로서 멘토는 우리 가정과 사회, 교회, 교계, 정치계 등 모든 분야에서 이루어져야 할 중요한 교육 과제이다.

[멘토가 되어야 하는 당위성]

멘토링의 선진국인 유럽 및 북미지역에서는 멘토링이 오래전에 생활되어 멘토선정이 별로 어렵지 않다. 왜냐하면 대부분 멘제를 거쳤기 때문에 멘토링의 효과성을 잘 알고 또 자신이 멘제 시절 도움을 받았기에 자연스러운 일로 받아들인다.

그러나 멘토링을 처음 대하는 한국 등 동양권에서는 멘토링을 경험하지 못하고 새롭게 멘토를 선정할 때 호기심과 부담감으로 일차 당혹감을 나타낸다. 그러나 우리 동양권도 멘토링이라는 공식 용어를 사용하지 않았을 뿐이지 대부분 유사 멘토링은 경험한 게 사실이다. 아래 5가지 유사 멘토링과 멘토가 되어야 할 당위성을 소개한다.

도움 1. 부모의 도움을 받고 탄생했다.
도움 2. 친척의 도움을 받고 자랐다.
도움 3. 선생님(교수님)의 도움을 받고 성장했다
도움 4. 친구의 도움을 받고 어려움을 해결했다.

도움 5. 선배의 도움을 받고 직장생활 하고 있다.

그러므로 자신들이 빚진 부담감을 덜어내는 입장에서라도 멘토제도에 참여는 당연한 것이다.

[가정 멘토]

먼저 가정은 어린이들에게 최초의 학교이며 그들의 인생이 시작되는 교육의 장이기 때문에 가정에서 부모가 생활하는 모범을 보이면서 그들을 말씀으로 양육할 의무와 책임을 지고 있다.

그러나 오늘날 우리 가정 대부분의 부모들이 인격적, 신앙적, 정서적으로 미숙한 언행으로 자녀의 모범이 되지 못하고 있음은 물론, 그 반대의 부정적인 모델상을 보이고 있는 현실이다. 이런 환경 속에서 자라는 어린이들이 또한 그런 미성숙한 부모의 모습을 보면서 자신들도 그런 부모가 되고, 그런 가정들이 이어지는 악순환이 계속되고 있다.

자녀에 대한 멘토링이 잘 이루어진 가정이 많을수록 그 사회와 국가는 건전하고 안정된 나라가 되는 것은 자명한 일이다.

[사회 멘토]

사회적으로도 멘토링은 필요하다. 자신이 소속된 직장과 사회에서 신실한 멘토를 보고 멘토링 관계를 유지하면서 건전한 직장 풍토와 사회 윤리 속에서 살고 있는 멘제는 그 자신이 좋은 멘토가 되어 다른 멘제를 또 멘토링하게 된다.

[교회 멘토]

한국 교회와 교계에도 멘토는 절실하게 요구되고 있다. 인구의 25% 정도가 기독교이며 세계에서 가장 큰 대형 교회들이 몰려 있다고 자랑하는 한국 교회에 기독교인들의 생활의 열매가, 기독교인의 문화가 형성되어 있지 않다는 것은 자타가 공인하는 사실이다. 어느 논문에서 한국의 기독교인은 전체 인구의 25% 이상인데 해방 이후 정치, 경제, 사회 등 모든 분야에서 각종 대형 범죄 사건에 연루된 사람들 중 40%가 기독교인이라고 밝히고 있다.

[학교 멘토]

각급 학교에서 단순히 지식을 가르치는 이외에, 학생들의 삶에 중대한 영향을 미칠 멘토들이 필요하다. 입시 위주의 주입식, 경쟁적 교육이 교육의 주류(主流)를 이루고 있는 한국에서, 인격과 인격이 교류되는 인성 교육이 이루어져야 하는 멘토의 필요성이 그 어느 나라에서보다 절실히 요청되고 있다.

[재계 멘토]

사회와 재계(財界) 역시 멘토링이 필요한 곳이다. 서구의 재벌들이 자신들의 자산 중 많은 부분을 사회와 국가를 위해 헌납하는 것이 일반적인 관례인 데 반하여, 대부분의 한국 재벌이나 기업들은 기본적인 세금마저도 포탈하는 것이 기본인 것처럼 보인다. 그들에게 건전한 사업가나 기업인, 재벌로서의 바른 철학이나 인생관 정립에 영향을 미친 멘토들이 있었다면 구조조정 때문에 온 나라가 고통과 진통을 겪는 그런 불행은 없었을 것이다.

[정치계 멘토]

정치계 역시 멘토링의 절대적인 필요성에서 결코 예외일 수 없다. 어느 의미에서 가장 강도 높은 멘토링이 이루어져야 할 곳이 바로 정치계라고 할 수 있다. 국회의사당에서 소위 국정을 수행한다는 국회의원들의 작태는 말할 것도 없고, 살아 있는 전직 대통령들의 대통령 재임 시의 행적과 퇴임 후의 언행들은 국민들에게 분노와 절망감은 물론, "우리에게는 이런 부류의 지도자들밖에 없는가?"라는 허탈감에 삶의 의욕과 용기를 잃게 한다.

이렇게 우리의 삶의 현장 곳곳에서 멘토링은 절실히 필요하다. 타락하고 부패한 시대일수록 경건하고 신실한 인격을 갖춘 지도자들을 더욱 필요로 하는데, 지식 전달이나 정보 교환이 그 중심이 되고 있는 현대의 교육 현장에서는 인격적 교류가 그 중심이 되어 이루어지고 준비되는 참 지도자 배출이 제도적으로 힘들게 되어 있다. 기업, 대학, 교회, 학교, 정부기관 등 사회가 이 멘토링의 중요성과 멘토의 필요성을 인식하고 사람을 바로 기르고 양육하는 일에 지대한 관심을 기울여야 할 중요한 시대에 우리는 살고 있다.

2) 오늘날 멘토의 효과 평가

멘토링을 삶의 전 분야에서 생활화하고 특히 각 조직에서 활발하게 활용하고 있는 북미지역 4개 업체의 멘토링 효과 평가 설문조사 다루었다.

(1) 맥킨지(Mckinsey) 컨설팅의 21c 멘토링! 그 놀라운 힘

먼저 맥킨지 컨설팅 21C 인재전략 리포트를 소개하면서 말문을 연다. 최근 저서 "인재전쟁"(세종서적 번역간)에서 "멘토링이 인재개발에서 놀라운 힘을 발휘하고 있다"라고 극찬하고 있다. 어떤 이유에서일까? 다음과 같이 요약해서 소개한다.

이 책은 맥킨지 컨설턴트들이 5년에 걸쳐 77개 기업과 6,000명 이상의 관리자들을 대상으로 실증적 연구를 해 정성 들여 쓴 "인재전쟁 (The War for Talent)"이 21c 인재전략 리포트로서 HRD 분야에서 각광을 받고 있다고 말하고 있으며 오늘날 기업마다 유능한 인재확보를 위해서 치열한 전쟁에 돌입했다는 것과 "인재"라는 이슈의 전략적 중요성과 최고경영자들의 태도변화가 중요하다는 점을 강조하고 있다.

특히 멘토링을 다룬 5장(43p 분량) "조직에 인재개발을 정착시켜라"에서 멘토링시스템을 조직에 제도화해야 한다는 점을 강조하면서 멘토링을 경험한 설문응답자의 말을 빌려 "멘토링이 인재개발에 놀라운 힘을 발휘하고 있다"라고 말한다.

자료 1. 맥킨지의 멘토링 경험자의 놀라운 효과 설문 측정

맥킨지 저서 "인재전쟁"에서 멘토링 경험자들은 아래와 같이 설문에 놀라운 답을 하고 있다.

① 멘토링 활동에 자신이 최선을 다했다. ― 95%

② 멘토링 후에 타사로 이직하지 않았다. ― 88%

③ 멘토링이 회사의 성공에 도움이 되었다. ― 97%

④ 멘토링 활동이 그들의 삶을 바꾸었다. ― 50%

자료 2. 맥킨지의 멘토링 프로그램의 성공요건

① 한 사람을 소중히 여기고 깊은 애정을 전달한다.

② 멘토링 시스템을 제도화해야 한다.

③ 신중하게 멘토를 선정해야 한다.

④ 각각 사업단위로 멘토링 프로그램을 갖고 있어야 한다.

(2) ASTD(American Social Training&Development 美)의 평가

- "멘토링은 기업에서 두 마리 토끼-지식경영, 학습조직-를 잡는 데 성공한 프로그램이다"라고 2003 보고서에서 평을 하고 있다.

① Mentoring System-ASTD 2003 결과 보고서

HRD 분야에서 세계 최고의 권위를 인정받고 있는 미국 산업 훈련 협회(ASTD)는 2년을 주기로 HRD에 관한 세부적인 결과보고서를 내고 있다. Mentoring System 분야에 대한 금년 보고서를 아래 내용으로 소개한다. 다양한 인재 개발 기법 중에서 타의 추종을 불허하는 Mentoring System은 북미지역에서 21c 최적의 인재 개발 전략으로 자리매김을 하고 있다는 사실이다.

② 결과 보고서 내용

- Knowledge Management(지식경영)에서 성공을 거둠

- Organizational Learning(학습조직)에서 성공을 거둠

- 회사가 구성원에게 배려해준다는 의식이 들게 해주어서 회사에 대한 효과로

- 회사에 대한 충성도가 배가 되었으며

- 이직률 감소 효과가 현저히 나타났고

- 전사적인 안목으로 의식 전환이 성장했으며

- 사내 Networking이 활성화 되었음

- 전략적 사고로 업무를 다루는 의식이 신장했음

③ 포춘지 설문 평은?

- 포춘지 500대 기업 임원 설문결과

  96% "멘토링은 중요한 development tool이다."

  75% "자신의 직업적 성공에 핵심적 역할을 했다."

  71%의 포춘 500대 기업 및 비상장기업이 멘토링을 활용하고 있다.

  77%가 "멘토링이 직원 이직방지 및 성과향상에 도움이 되었다."

  60%의 대학/대학원 졸업생이 취업회사 선택에 고려 요소가 되었다.

④ CLC(Corporate Leadership Council 美)

- 포춘지 500대 기업 중 60개 기업 이직률 설문조사

- 멘토링 미실시 기업 35%-실시 기업 16%

4장

멘토 벤치마킹
: 삼성그룹

멘토링 제도는 특성상 이벤트성 교육이라기보다는 일정과정 삶을 나누는 과정중심으로 운영하는 유기적 미팅조직이다. 편의상 12개월 멘토링 컨설팅 기간 동안 투자에 대비 성과를 평가하는 조직개발용 멘토링을 각 조직을 대표하여 정부기관모델-노동부, 대학-서울대학,

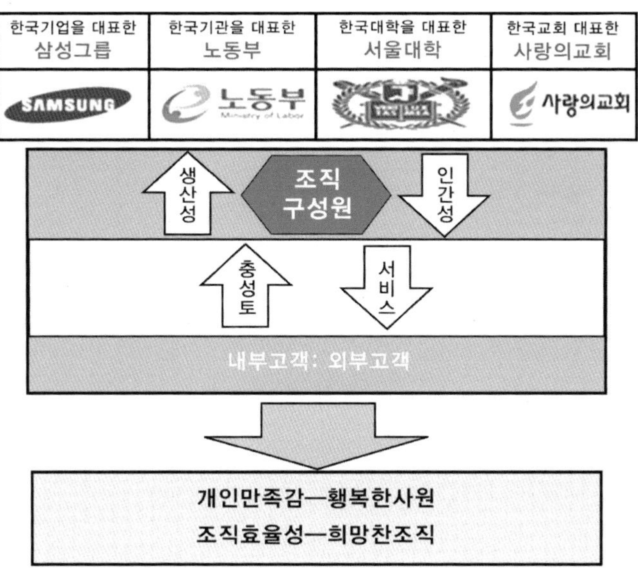

기업모델-삼성그룹, 교회모델-사랑의 교회 등 네 군데를 벤치마킹 대상으로 소개한다. 이번 장에서는 첫째 한국기업을 대표로 삼성그룹 본부와 계열사인 삼성테크윈을 소개한다.

1. 삼성그룹 본부

당시 윤종용 삼성전자 부회장은 상당수 외국인 핵심인재의 멘토(Mentor)를 맡고 있다. 멘토의 상대방은 외부에서 영입한 S급 인재. 윤 부회장은 한 달에 한 번씩 이들과 식사를 하거나 면담을 갖는다. 그는 **"하늘이 두쪽 나도 이 약속은 지켜야 한다"**라고 강조한다. 대화는 복잡한 현안들이 배제되고 가족들 안부를 묻는 데서 시작된다.

일상의 크고 작은 고충과 애로들을 물어보고 업무 흐름에 불편함이 없는지도 세세하게 체크한다. 면담이 끝나고 나면 윤 부회장은 직접 메모를 작성해 관련 부서에 업무 지시를 내린다.

멘제	멘토	진행	성과
*S급(Super) 인재 - 최고경영자 대우받는 인재 *A급(Ace) 인재 - 핵심추진인력으로 분류되는 인재 *H급(High Potential) - S급 인력으로 양성 가능한	윤종용 부회장 최도석 김인수 등 CEO	특히 해외영입자 등 1:1로 연결 월 1~5회 미팅	조기 정착율효과
멘토인 윤종용 부회장의 말: 멘제와 월간 미팅 약속 "하늘이 두 쪽 나도 이 약속은 지켜야 한다."			

*S급(Super) 인재 - 최고경영자 대우받는 인재
*A급(Ace) 인재 - 핵심추진인력으로 분류되는 인재
*H급(High Potential) 인재 - S급 인력으로 양성 가능한 인재

삼성전자의 최도석 경영지원 총괄사장과 김인수 인사팀장도 이런 식으로 핵심 인재들과 매월 다섯 차례 정도 정기 면담을 가진다. 삼성은 핵심인재가 회사에 안착해 오랫동안 다닐 수 있도록 다양한 제도적 장치를 해놓고 있다. 멘토 제도도 그중의 하나다. 사장은 S급 인재. 사업부장은 A급 인재. (수석)부장은 H급 인재에 대해 1대1로 직접 멘토를 맡아야 한다.

매월 면담보고서를 제출해야 할 뿐만 아니라 개선 요청사항을 받아 들여 즉시 시행하는 것도 멘토의 의무다. 만약 핵심 인재가 석연찮은 이유로 회사를 그만두게 되면 1차적으로 책임을 져야 하는 사람 역시 멘토다.

[퇴직 조기 경보제]

삼성이 이처럼 핵심인재를 1대1 멘토링 기법으로 관리하는 이유는 인재를 영입하는 것 못지 않게 이들을 안착시키는 일이 어렵다고 판단하기 때문이다. 삼성관계자는 "능력이 뛰어날수록 경쟁사의 스카우트 표적이 되기 쉽고 외국인들의 경우 이질적인 한국 문화에 적응하기 어렵다는 점을 감안한 제도"라고 설명했다.

특히 조직 운영에 불만을 품고 떠난 외국인이 험담을 하고 다니는 상황은 최악이다. 세계 IT업계에 평판이 나빠지면 인력 수혈에 큰 차질이 빚어질 수밖에 없기 때문이다.

삼성전자는 이 때문에 핵심인재들을 대상으로 '3색 경보체제'를 은밀하게 가동하고 있다. 인력의 퇴직 가능성을 △녹색(안정적) △황색(약간 불안) △적색(퇴직 가능성 고조) 등으로 분류, 핵심인재의 이탈을 조기에 감지하는 시스템이다. 퇴직 가능성이 있다고 판단하는 사람에 대해선 중점 관리에 들어가 대인관계와 개인 전문성과 업무의 불일치 여부 등을 정밀하게 진단, 즉각 개선책을 마련한다.

현재 2천 명이 넘는 핵심인재 중 S급은 대부분 녹색, A급은 99%가 녹색, H급은 98%가 녹색 등급을 받고 있는 것으로 파악됐다.

[집안일까지 지원]

외국인이 삼성에 입사하게 되면 일단 'Employee Guide Book'이라는 이름의 두꺼운 책자를 제공받는다. 영어판 일어판으로 제작된 이 책에는 인사제도 편의 시설, 회사 소개, 정착정보, 주거지, 금융, 의료시설 이용법 등이 자세하게 소개돼 있다.

여기에 각 사업장에는 'Global Help Desk'라는 이름의 지원 조직이 설치돼 총 20여 명의 전문인력이 배정돼 있다. 영어 요원 10명, 일본어 요원 10명 등으로 구성된 이들은 핵심인재의 크고 작은 집안 일과 차량관리, 해외 출장 시 입출국 비자업무 처리 등 업무 수행에 필요한 제반 지원 활동을 펼치고 있다.

삼성은 또 가족을 고국에 두고 홀로 생활하고 있는 핵심인재들을 위해 해외에 있는 가족들의 대소사도 챙겨준다. 예를 들어 부인이나 다른 가족이 일자리를 원할 경우 글로벌 인사팀을 통해 즉각 직장을 마련해 주기도 한다.

외국인 핵심인재들에겐 다국적 기업 수준의 높은 연봉 외에 MDI (Market Driven Incentive), TDI(Technology Driven Incentive) 등의 명목으로 다양한 인센티브가 제공된다. A, H급 인력의 경우 수백만 원에서 수억 원까지 책정돼 있다.

[‘흔들기’는 금물]

하지만 우수 인재를 붙들어 두기 위한 가장 큰 장치는 회사의 강력한 의지다. 윤종용 부회장은 임직원들에게 틈날 때마다 “외부에서 왔다고 텃세를 부리거나 따돌리는 일이 생기면 결코 좌시하지 않겠다”라는 뜻을 밝히고 있다.

최지성 디지털 미디어 총괄 사장 역시 외국인들과 수시로 식사를 하며 “업무에 불편한 일이 있으면 나를 직접 찾아 오라”고 주문한다. 삼성은 이를 통해 인재 간 상생풍토를 조성, 조직 전반의 경쟁력을 높인다는 전략이다.

[삼성핵심 인재 확보 육성 전략]

확보 ⇒	배치 ⇒	육성
*변화 주도 역량 확인 *전문역량 포착 *이질적 요인 포용	*적재적소 배치 *업무 및 일상의 불편해소 *멘토제 시행(1:1관리)	*성장 비전 제시 *도전기회 제공 *인재 간 상생 풍토 조성

2. 계열사 모델 - 삼성테크윈

삼성그룹은 2002년까지 세계 제품 제일에서 2003년부터 인재제일로 바꾸면서 미국 GE그룹의 멘토링 시스템을 도입하여 그룹본부는 임원 멘토링 그리고 각 계열사별로 형편에 맞게 도입하고 있다.

1) 신규직원 적응력 향상
2) 업무 OJT와 병행 프로그램

3) 핵심임원 인재 역량개발

4) 여직원 개발

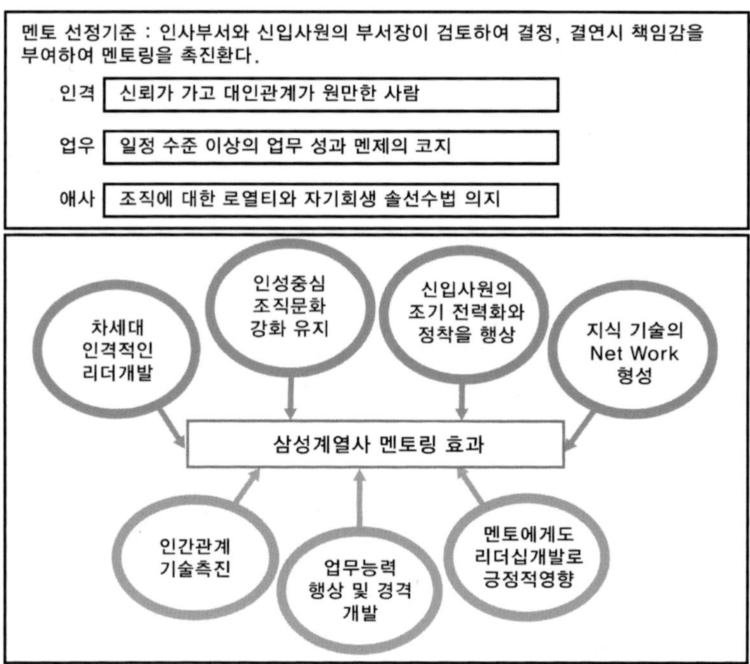

5장 멘토 교육
: 체계적 양성방법

[멘토 교육수강 과정 특징]

멘토 교육의 특징은 전 사원의 10%에 해당하는 인력이나 과장급 등 일정 직급 이상자 전원을 기획 멘토로 선발하고 인간성, 효율성, 리더십을 양성하는 학습에 몰입할 수 있도록 아래 5가지를 배려한다

1) **콤비**: 멘토 대상자 두 사람을 콤비로 참여하거나 교육현장에서 수강자끼리 연결하여 진행한다. 수강자의 요청 시 교육수료 후 365일 1년간 컨설팅 차원에서 콤비 별로 사후관리 및 자료서비스를 제공한다.

2) **교재**: 교육 과정마다 출간교재가 선정되어 올바른 이론과 체계적인 실행 프로그램을 갖춰 진행된다.

   교재 1. 멘토링 경영총서-4권(시중구입, 단행본으로 출간됨)
   교재 2. 멘토링 인격총서-4권(시중구입, 단행본으로 출간됨)
   교재 3. 멘토링 목회총서-4권(시중구입, 단행본으로 출간됨)

3) **방식**: 교육과정은 현장사례 중심(PPT와 동영상), 논리, 재미, 감동의 방식으로 액티브(Active=몸 운동하는 동작을 가미)하게 진행된다.

4) **강사**: 교육과정의 지루함을 피하여 단위업체와 상의하여 2시간 마다 별도 강사를 배정하거나 남/여강사, 장년/젊은 강사 등을 주문형으로 선택이 가능하다.

5) **진단**: 수강자 개인에 관한 특성이나 교육과정에 맞게 개인 예비 진단이나 학습 도중에 진단도구를 사용하여 그 진단결과에 대응책을 마련한다.

멘토 체계적 양성방법 – 멘토 정규교육 과정

　1) **정규교육 과정**

　2) **특강교육 과정**

　3) **Workshop 과정**

1. 멘토 양성 정규교육 Curriculum

1) **교육목적**: 멘토링 활동의 성공률을 높이기 위하여 먼저 멘토를 전인적으로 체계 있게 양성하여 직원행복, 직장행복, 고객행복을 목적으로 하고 특히 멘제의 특성과 눈높이게 맞게 멘토를 개발하는 과정이다.

2) **교육대상**: 멘토 대상자, 인재개발 위치에 있는 관리자 등

3) **교육과정**

　(1) Combi 멘토: 12개월 1:1 멘토링 활동에 기본적으로 지원하는 멘토 학습과정임

　(2) Golden 멘토: 멘제를 인재개발차원에서 리더십개발을 지원

하는 학습과정임

(3) Best 멘토: 조직 내 핵심인재 개발 대상으로 지원하는 핵심
인재 멘토 학습과정임

Modul 인간경영총서 10권	Combi Mentor	Golden Mentor	Best Mentor
1. 인간경영 이해 Story	0.5	2	4
2. 인간경영 스킬 Skill	3.0	8	8
3. 인간경영 리더십 Leadership	1.0	2	8
4. 개인-인간경영 게임 Game	3.0	4	12
5. 조직-인간경영 도구 Tool		2	4
6. 인간경영 전략 Strategy			4
7. 인간존중 경영 Humanity			4
8. 생산성과 경영 Management			4
9. 인간경영 매뉴얼 Manual			4
10. 인간경영 사례 Case Study	0.5	2	8
합계	8H	20H	60H

[교육의 효과]

1) 멘토링 원리와 현장 프로그램에 대한 올바른 이해를 갖는다.

2) 멘토/멘제 상호 간 관계 촉진 커뮤니케이션이 원활해진다

3) 멘토/멘제가 미팅 시 소재개발에 아이디어를 갖게 된다.

4) 멘토십이 개발되어 멘제를 양육하는 데 노하우를 갖게 된다.

5) 멘토는 리더십이 개발되어 조직의 핵심인재로 인정받게 된다.

2. 멘토양성 특강교육 Curriculum

1) 교육목적: 미팅활동에서 성공률을 높이기 위하여 활동촉진 기술 (Skill)위주 학습임

2) 교육대상: 기업, 학교, 교회, 정부기관, 군대, 복지재단 등의 임직원 등

3) 교육시간: 04~16H로 시간선택이 가능함

4) 교육내용: 멘토링사례, 행복Skill-5, 행복Plus, 행복교육, 미팅활동, 현장답사체험

5) 교육방법: 수강자를 1:1(멘토/멘제)로 연결하여 특강 교육에 체험학습으로 진행함

6) 교육효과: 멘토링 활동이 가정의 아버지와 같은 상사와 어머니 같은 멘토를 통해 행복한 직장 만드는 방법을 숙지한다.

Hour	주제	Contents	진단 Sheet	참고도서
2H	NO-1 사례	1. 스타사례-김연아/오서	우리 직장 행복지수는 몇 점인가?	1. 멘토링 활동 촉진기술
		2. 역사사례-상도 임상옥		2. 멘토링 인간 존중경영
		3. 경영사례-삼양그룹		
2H 10H	주제-2 Skill	1. 칭찬Skill	[진단주제]	3. 내 인생을 변화시킨 멘토
		2. 소통Skill	1. Humanity	
		3. 감성Skill	2. Two Way	
		4. 창의Skill	3. CRM	
		5. 열정Skill	4. Hightouch	
2H	주제-3 행복 Plus	1. 멘토링과 행복Plus	5. Mindship	
		2. 경영모델 Jim Goodnight		
		3. 우수 멘토 선정하기		
		4. 현장 -장학재단 Korment		
2H	주제-4 체험	1. 교육과정 체험		
		2. 미팅활동 체험		
		3. 현장답사 체험		

3. 멘토양성 Workshop교육 Curriculum

멘토링 현장과정은 지역주민을 위하여 회사 멘토대상자 등 멘토/멘제 Workshop과정과 활동 중 보수교육과 멘토/멘제 활동을 적극 지원할 특강과정으로 구분한다.

* Workshop 효과 우선순위
  1) 멘토/멘제 1일 합동교육 후 다음날 멘토만 특성 교육진행
  2) 멘토/멘제 처음부터 끝까지 합동교육으로 진행
  3) 멘토/멘제 멘토/멘제 별도 일정으로 교육진행

Module 인간경영총서 10권	1~3일 특강과정	2~4H Workshop	2~4H 보수교육
1. 인간경영 이해Story	2	2	0.5
2. 인간경영 스킬Skill	8	8	2
3. 인간경영 리더십Leadership	2	2	1
4. 개인-인간경영 게임 Game	4	4	
5. 조직-인간경영 도구 Tool	2	2	
6. 인간경영 전략 Strategy			
7. 인간존중 경영Humanity			
8. 생산성과 경영Management			
9. 인간경영 매뉴얼 Manual			
10. 인간경영 사례 Case Study	2	2	0.5
합계	4~20H	4~20H	2~4H

[교육의 효과]

효과 1. 멘토링에 관한 기본사항을 올바로 가이드하여 이해 폭을 넓힌다.

효과 2. 멘토/멘제가 활동시점에서 상견례의 절차를 밟아 관계를 넓힌다.

효과 3. 멘토/멘제가 활동기술(Skill)을 학습하여 성공률을 높인다.

효과 4. 멘토/멘제가 둘이서 한마음으로 하나 되어 희망찬 미래를 구상한다.

효과 5. 멘토/멘제가 조직에서 신뢰와 존경으로 한마음 공동체를 구축한다.

Part 2

Mentor 리더십 Leadership

멘토 리더십 개발 개념: 전인적인 인격(지, 정, 의의 균형 인간) 개발 프로그램으로 A Person을 A Leader 곧 자신과 같은 멘토 리더로의 재생산(Reproducing)을 의미한다.

멘토 리더십 개발 방식: 다이아몬드와 같은 4가지 단계(4-Step)로 인재개발, 조직개발, 성과개발, Mentor Leadership 개발을 말한다.

1장

멘토 희망열풍
: TV Audition

1. 슈퍼스타 – K-Mnet TV

≪슈퍼스타 K 2≫는 대한민국의 케이블 방송국 Mnet, KM에서 7월 23일부터 10월 22일까지 14주간 방송되었다. ≪슈퍼스타 K≫의 두 번째 시즌으로 공개 오디션 프로그램이다. MC는 김성주이다. 1차 예선에서 합격한 사람에 한해 4월부터 대전, 인천, 대구, 광주, 춘천, 제주, 부산, 서울 전국 8개 지역에서 예선 2, 3차가 진행되며 최종 통과자는 서울 SUPER WEEK에서 TOP 11을 가리게 된다.

TOP 11은 서울 상암동 CJ E&M센터와 경희대학교 평화의 전당에서 생방송 서바이벌 오디션을 치르게 되며 최종 우승자에게는 2억 원의 상금과 QM5 차량 1대, 그리고 초호화 음반발매와 2010 MAMA 무대 출연 등의 혜택이 주어진다.

7회 시청률 약 10%, 8회 시청률 약 12.7% 등 케이블TV 방송프로그램 역사상 최초로 10% 이상을 넘기는 등 매주 시청률을 갱신하였다. 결국 최종회인 14회 시청률은 AGB닐슨 미디어리서치 발표 18.1%, TNmS 발표 19.379%로 케이블 역사상 최고의 시청률을 기록하였다.

2. 위대한 탄생 - MBC TV

≪스타 오디션 위대한 탄생≫(Star Audition: The Great Birth)은 문화방송에서 매주 방영되던 'W'를 폐지하고 2010년 11월 5일부터 방송되는 공개 오디션 프로그램이다. 줄여서 '위탄'이라고도 부른다. 한국을 비롯한 일본, 중국, 미국, 동남아에서 함께 진행된다.

MBC 박혜진 아나운서가 단독으로 진행한다. 문화방송은 2005년 방송 사고 이후로 가요 프로그램에서 5분을 늦춰 방송을 내보내는 방식을 택했었으나 실시간 문자투표 등 방송의 재미를 살리기 위하여 생방송으로 방송하기로 결정하였다.

본선까지 녹화방송되며, 최후의 12명이 대결하는 결승전은 생방송으로 진행된다. 우승 상금은 음반 제작비 2억 포함, 총 3억이며, 국제적으로 치뤄지는 오디션은 국적과 주거 지역에 관계없이 한국 노래라면 모두 허용된다. 총 27부작으로 방송됐다

3. 나는 가수다 - MBC TV

<나는 가수다>는 ≪우리들의 일밤≫의 한 코너이다. 줄여서 나가수라고 부르기도 한다. 매주 7명의 실력 있는 가수들이 나와 자신의 곡이 아닌 새로운 곡을 편곡해 부르는 미션에 도전하는 서바이벌 프로그램이다.

일반인 500명으로 구성된 평가단의 심사를 받아 1명이 탈락하고, 나중에 새로운 가수가 이를 채워가는 방식이다. 각 출연자는 개그맨

매니저 한 명과 함께 활동하게 되며, 탈락 시 매니저도 함께 탈락한다. 이 코너는 첫 방송부터 큰 화제를 모았으며, 2회 방송분의 시청률은 18%로 동 시간대 1위를 기록했다

　　*출연자:
　　- 현재 출연 가수
　　　김범수, YB, 박정현, 자우림, 장혜진, 조관우, 김조한

　　- 이전 출연 가수
　　　정엽, 김건모, 백지영, 김연우, 임재범, JK김동욱, 이소라, BMK, 옥주현

　　- 현재 출연 매니저
　　　박명수, 김제동, 김태현, 박휘순, 지상렬, 김신영, 고영욱

　　- 이전 출연 매니저
　　　송은이, 이병진.

4. 키스앤 크라이 – SBS TV

　　《김연아의 키스&크라이》는 2011년 5월 22일부터 일요일마다 SBS 일요일이 좋다 시간에 방영되고 있는 서바이벌 프로그램이다. 스타와 전문 스케이터가 짝을 이뤄 피겨스케이팅에 도전하는 프로그

램이다. 우승팀은 2011년 8월 13일부터 15일까지 열리는 올댓 스케이트 서머(2011)에서 마지막 날, 특별공연을 하게 될 예정이다. 키스앤 크라이'는 서바이벌 형식을 채용, 참가자들의 도전 스토리를 그려가는 감동적인 과정을 통해 '따뜻한 예능', '감성 예능'이라는 평가를 받고 있다.

*진행자: 신동엽, 김연아

*스타 스케이터
김병만, 유노윤호, 손담비, 이규혁, 크리스탈, 박준금, 서지석,
진지희, 이하현, 아이유

*멘토 전문 스케이터
클라우디 뮬러, 이수경, 차오름, 최선영, 이동훈, 김현철, 김도환,
차준환, 유선혜, 최인화

2장

멘토 모델
: 개인/조직사례

1. 개인: 청소년 영역 멘토 모델

청소년 영역은 청소년과 어른 간의 인격활동이다.

청소년 멘토링이 활발하게 발전한 것은 1904년 미국에서 청소년 멘토링(BBS) 시스템이 도입된 이후부터다.

특히 청소년은 감수성이 가장 예민한 때이기에 멘토가 절실히 필요한 시기로 평생교육학자 레빈슨 교수는 멘토가 없는 사람은 부모가 없는 고아와 같다고 말했다. 우리가 익히 잘 알고 있는 설리반 선생과 헬렌 켈러는 장애우에 적용되었던 우수한 인격멘토링 모델이다.

국내에서도 보건복지부, 교과부 등 청소년 멘토링 Human Net-Work 프로젝트를 가동하여 다문화가정, 저소득가정, 소년소녀가장, 소외된 청소년 등에 집중적으로 멘토제도를 활용할 것으로 기대한다.

2. 조직: 학교영역 멘토 모델

학교영역은 학생과 스승 간의 인격활동이다.

멘토링 목적은 학교교육 목적인 [전인=인격]교육과 공통점으로 멘토링 프로그램이 가장 필요한 곳 이기도 하다. 그러나 오늘날 제도권 학교는 평준화라는 현실 속에서 이미 그 교육목적을 상실했기에 교실의 붕괴라는 치명적인 하자를 안고 있는 것이다.

탈무드에서 학교입학생에게 스승이 "자네는 왜 우리 학교를 지원했는가?" "전통이 있고 분위기 좋아서 열심히 공부할려고 지원했습니다." "그렇다면 자네는 도서관으로 가게" "왜입니까?" "학교는 공부히는 곳이 아니라 스승 앞에 올바로 서는 것일세."

학교의 올바른 방향은 스승의 인격 앞에 서서 그 스승의 인격을 닮아 미래 국가사회에서 인격적으로 존경 받는 리더가 되어야 할 사람을 길러야 하는 것이다.

세계의 명문 옥스퍼드 대학 Tutorial 멘토링
세계적인 명문 옥스퍼드대학(英)의 차별화 교육은 1:1 멘토링 프로그램을 활용한 튜터제도(Tutor System)이다.
튜터제도를 간단하게 설명하면 담당교수를 멘토로 하고, 학생을 멘제로 하여 1:1로 대면하는 학습 방법이다. 일주일에 한 번씩 특정 요일에 교수와 학생이 1:1로 4시간씩 주제 리포트 작성 제출, 학습토론, 질의응답 등으로 진행되는 수업은 자연히 교수와 학생 간에 내외적(內外的)인 접촉이 이뤄지게 되므로 학생 입장에서는 준비기간인 일주일 내내 한국의 고3 학생과 같은 학습준비에 몰입하게 된다. 담당 교수입장에서는 일주일에 한번씩 4시간 동안 독대함으로 학생의 "니즈(Needs)와 핵심역량'을 정확히 파악하게 됨으로 학생의 실정에 맞는 교육을 진행할 수 있는 것이다. 그러므로 학생은 대학 4년 동안 시간을 허비하지 않고 담당 교수로부터 1:1 고품질의 인격교육서비스를 받게 되므로 그렇지 못한 타 대학 학생들과의 경쟁력을 월등히 확보할 수 있게 된다. 그러한 튜터제도는 국내뿐만 아니라 전 세계적으로 옥스퍼드대학의 경쟁력을 높이고 명문으로 만드는 데 큰 몫을 담당하고 있으며 우수한 학생들을 선발하는 데도 결정적인 요인으로 작용하고 있다.

3장 멘토 교실(Study)

: Dia Mentorship

[방법: 4Diamond Step과 성과개발 10 Point 소개]

1) 인재개발법: 보통사람 한사람(A Person)을 리더 한사람(A Leader)
으로 인격적인 리더로 개발하는 인재개발법을 말한다.

방법: 4 Diamond Step과 인재개발 10 Skill 소개

2) 조직개발법: 인간성(Humanity) 바탕 위에 생산성(Productivity) 효
과를 얻는 조직개발법을 말한다.

방법: 4 Diamond Step과 조직개발 12 목표 소개

3) 성과개발법: 자신의 역량개발로 정량과 정성차원에서 단기간 내/
고도성과(High speed/High Performance)를 추출하는 성과개발법을
말한다.

방법: 4 Diamond Step과 성과개발 10 Point 소개

1. 인재개발법: Dia Mentorship

 1) 인재개발 5가지 원리

2) 인재개발 4 Diamond Step

3) 인재개발 10 Skill

2. 조직개발법: Dia Mentorship

1) 조직개발 5가지 원리

2) 조직개발 4 Diamond Step

3) 조직개발 12목표

3 성과개발법: Dia Mentorship

1) 성과개발 5가지 원리

2) 성과개발 4Diamond Step

3) 성과개발 10Point

1. 인재개발 Diamond Mentorship

1) 멘토 인재개발 5가지 원리

☞ 멘토인재개발 5가지 원리는 멘토의 인재개발 이론을 요약한 것으로 당초 초대 멘토의 원리를 참고하여 오늘날 멘토와 멘제가 전통적인 멘토링의 개념을 살려 각 소속 직장에서 제도적인 멘토링으로 활동을 넓히는 데 기본 이론을 5가지로 정리한 것이다.

바로 멘토가 멘제를 일정기간 동안 자신과 같은 리더로 재생산(Reproducing)하는 멘토의 Diamond-인재 개발 이론이다.

[당초 멘토와 텔레마쿠스의 관계 소개]

1) 관계 - 오디세우스 왕의 친구로 관계의 폭이 넓었다.

2) 존경 – 당시 최고로 존경받는 사람이었다.

3) 스승 – 가르치기를 좋아하는 스승이었다.

4) 역량 – 철학 수학 논리학의 대가이었다.

5) 결단 – 텔레마쿠스 왕자가 왕으로 성장하자 미련 없이 그의 곁을
   떠났다.

원리 1. 한쌍선정: 한 사람 멘제와 한 사람 멘토를 선정한다.
원리 2. 멘제중심: 일정기간 동안 멘제 중심의 1:1관계를 맺는다.
원리 3. 역량발휘: 멘토의 역량을 최대한 발휘하여 멘제의 역량을
        조기 개발한다.
원리 4. 전인교육: 멘제의 잠재력을 발견하고 멘제에게 전인적인
        삶으로 조언한다.
원리 5. 리더개발: 멘토는 멘제를 인격을 갖춘 차세대리더로 세운다.

2) 멘토 인재개발 다이아몬드형 모형도

모델단계 → 동기부여단계 → 멘토링단계 → 재생산단계 등 4단계로
멘토가 멘제를 자신과 같은 리더멘토로 재생산하는 Diamond 모형도
이다.

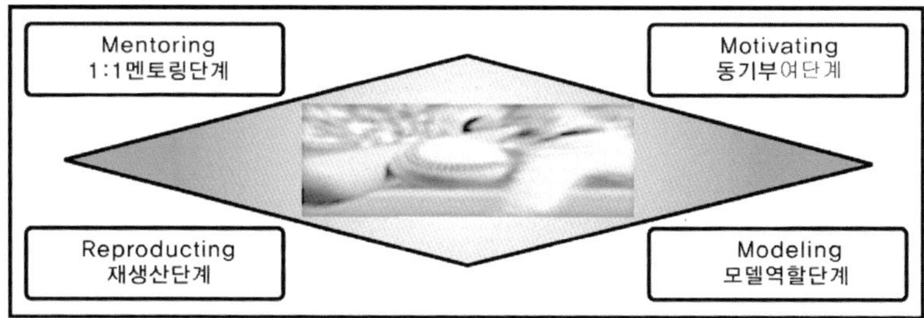

3) 멘토 인재개발 방법 10-Skill

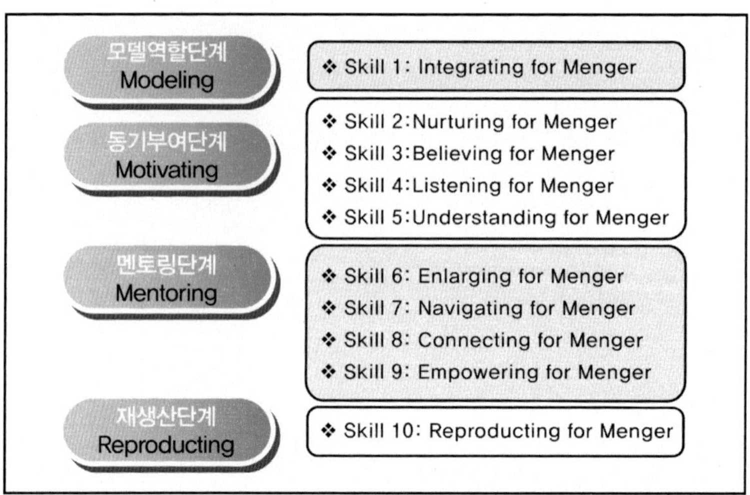

2. 조직개발 Diamond Mentorship

1) 멘토 조직개발 5가지 특성

☞ 멘토 조직개발 리더십에 관한 내용을 요약한 것으로 일반 리더십과 멘토리더십의 차별성과 시너지를 다룬 내용이다.

일반 리더는 양(量) 관리와 멘토는 질(質) 관리로 구별할 수 있으나 상호 Synergy로 인재경쟁력을 확보하여 이상적인 유기체 조직을 구축할 수 있다.

Diamond 조직개발에서는 멘토링 전문가가 인간성(Humanity) 바탕 위에 생산성(Productivity) 효과를 도출하는 프로그램이다.

특성 1. 멘토십 이념(Idealogy): 인간존중이다.

특성 2. 멘토십 정의(Definition): 인간관계 촉진이다.

특성 3. 멘토십 목적(Purpose): 리더개발이다.

특성 4. 멘토십 내용(Contents): 지·정·의 인격이다.

특성 5. 멘토십 전략(Strategy): 1:1 멘토십이다.

[일반리더십과 멘토십의 차이와 시너지]

일반 Leadership	구분	Mentorship
사람들(People)에게	대상	한 사람(A Person)에게
영향력(Influence)을 발휘하여	내용	역량(Competency)을 발휘하여
많은 추종자들: Followers를 얻는 일	목적	한 리더: (A Leader)를 얻는 일
양적: (Quantity)성장 평가	평가	질적: (Quality)성장평가
망원경적 리더십 - 숲을 보는 리더십	Synergy	현미경적 리더십 - 나무 보는 리더십

*일반 리더인 CEO는 전체인원 양(量)을, 멘토는 한 사람인 질(質)적인 면에서 개발하므로 균형인간개발이 가능하다.
*숲을 보는 CEO 리더십과 나무를 보는 멘토 리더십과의 균형 조직개발로 유기체적인 조직경영이 가능하다.

2-1) 조직개발 다이아몬드형 모형도

신입단계→성장단계→유지단계→리더 단계로 조직인사개발 4단계에 멘토링 활동 목표를

적용하여 Humanity 바탕 위에 Productivity를 확보하는 Diamond 모형도이다.

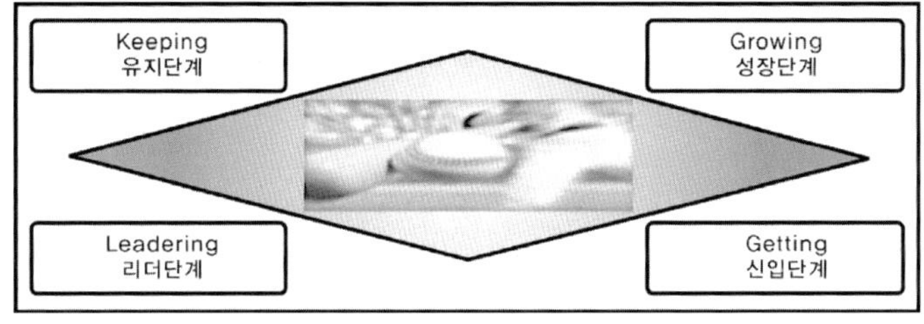

2-2) 멘토 조직개발 방법 12-활동목표

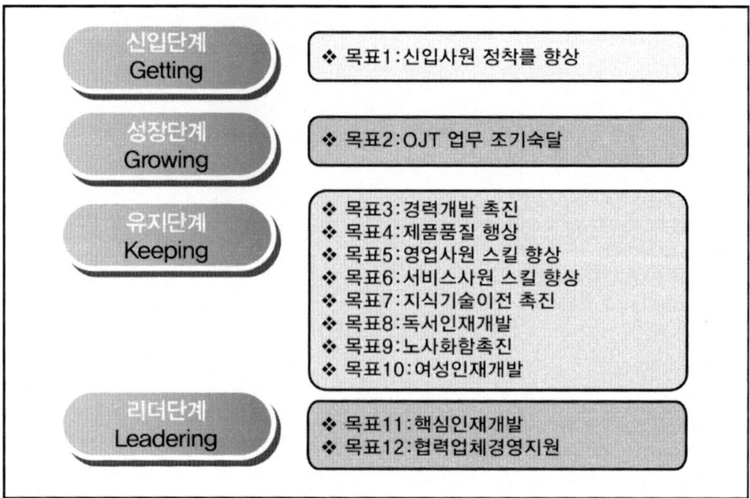

3-1) 교회개발 멘토 다이아몬드형 모형도

새 신자단계→성장단계→유지단계→리더 단계로 조직인사개발 4
단계에 멘토링 활동 목표를

적용하여 Humanity 바탕 위에 Productivity를 확보하는 Diamond 모
형도이다.

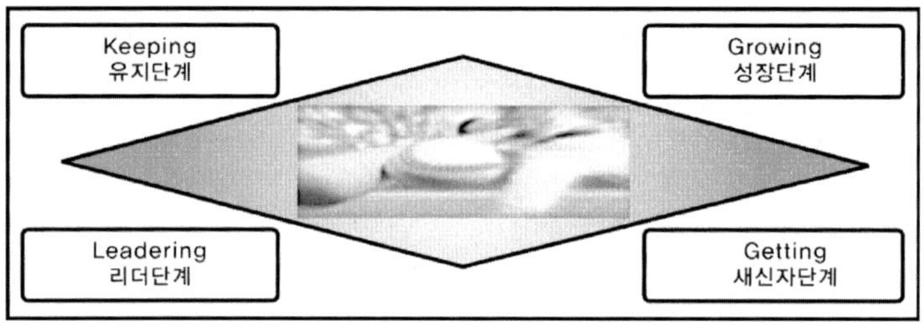

3-2) 멘토 교회개발 방법 12-활동목표

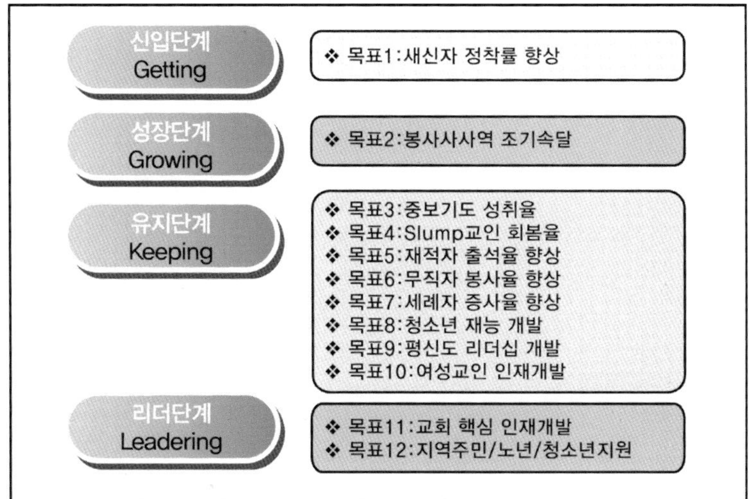

3. 성과개발 Diamond Mentorship

1) 멘토 성과개발 5가지 전략

☞ 멘토 전략은 멘토링을 도입한 후 시스템을 운영해가는 과정에서 먼저 조직의 환경이 인간존중 분위기인가를 점검해 보는 것이다.

조직 구성원은 경영전략에 예민하게 반응한다. 먼저 사원의 마음을 얻는 경영이 멘토링도 경영도 성공의 지름길이다.

내부고객 먼저, 다음에 자연스럽게 외부고객 만족으로 고객 만족 시스템을 구축하여 생산성 경영의 틀을 마련하고 투자에 감안한 성과개발 멘토 전략이다.

[멘토링의 성과 Steven Scott-미국 8대 거부 CEO)

훌륭한 선생님이나 코치는 학생의 능력을 25%에서 50% 정도, 기껏해야 100% 상승시킬 수 있을 뿐이지만 훌륭한 멘토는 그 수준을 1,000%에서 5,000%, 때로는 1만%까지 높여줄 수 있다.

예를 들어, 비즈니스 멘토는 내 수입을 5만 600% 이상 높여주었다. 대인관계 멘토는 내가 아내의 마음을 돌려서 우리가 경험해보지 못했던 가장 행복하고 완벽한 관계를 형성할 수 있도록 도와주었다.

전략 1. Humanity/Productivity 생산성과 인간성의 균형 경영인가?
전략 2. Two Way/One Way 사원과 CEO의 업무 위임이 적정한가?
전략 3. CRM 내부고객과 외부고객이 상호 만족한가?
전략 4. Hightouch/Hightech 업무중심과 인성중심의 균형 경영인가?
전략 5. Mindship/Bodyship 마음 얻는 경영인가 몸만 얻는 경영인가?

2) 멘토 성과개발 다이아몬드형 모형도

멘토 성과개발은 투자에 관한 정량과 정성의 성과를 평가하는 과정으로 준비과정에서 인간존중 전략→도입교육과정에서 인재 경쟁력 확보→활동과정에서 내, 외 고객만족→그리고 평가과정에서 고객의 재구매로 수익을 창출하는 Diamond 성과개발 모형도이다.

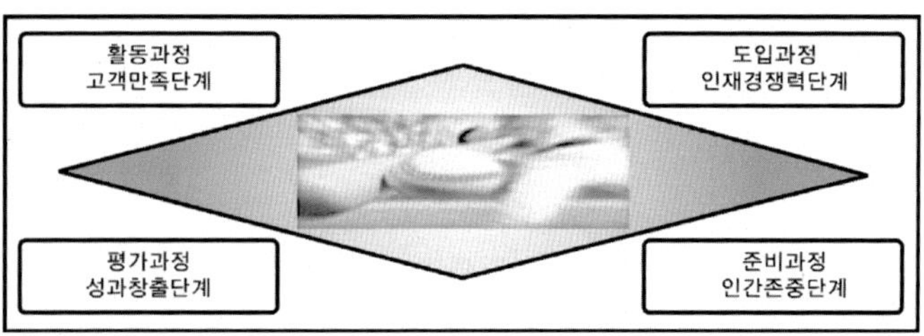

3) 멘토 성과개발 방법 10-Point

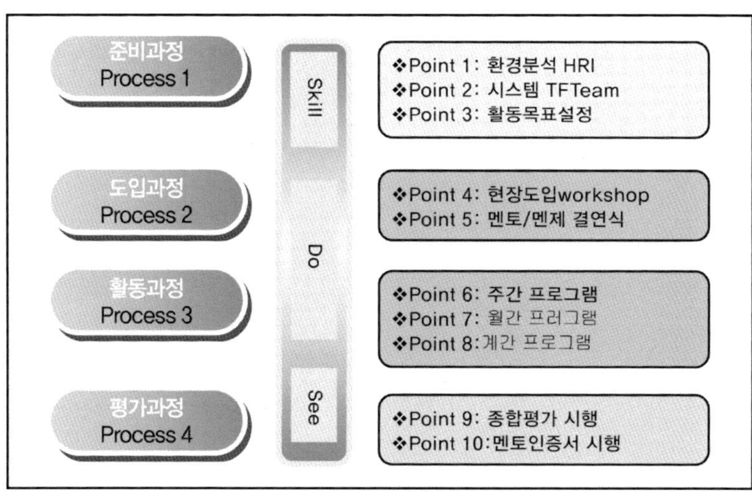

4장

멘토 벤치마킹
: 노동부 부천지청

멘토링 제도는 특성상 이벤트성 교육이라기보다는 일정과정 삶을
나누는 과정 중심으로 운영하는 유기적 미팅조직이다. 편의상 12개월
멘토링 컨설팅 기간 동안 투자에 대비 성과를 평가하는 조직개발용
멘토링을 각 조직을 대표하여 정부기관모델-노동부, 대학-서울대학,
기업모델-삼성그룹, 교회모델-사랑의 교회 등 네 군데를 벤치마킹 대

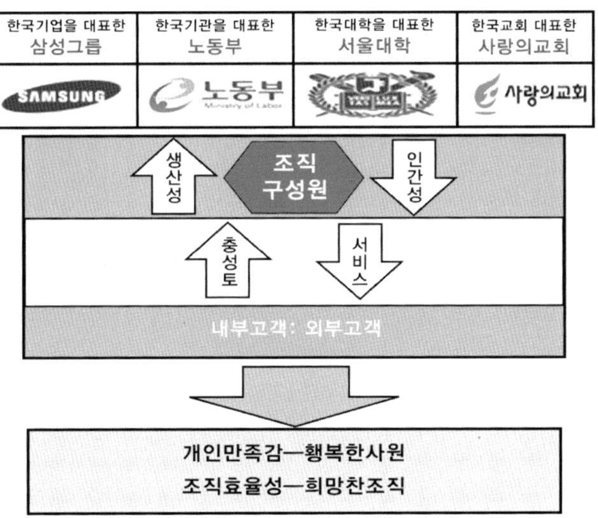

상으로 소개한다. 이번 장에서는 두 번째로 정부기관을 대표로 노동부 부천지청을 소개한다.

1. 한국정부기관을 대표한 노동부

노동 업무의 난이도-노사 간의 민원업무에 관한 법적용 등
노동 업무의 과중성-외환 위기 이후 구조조정으로 인한 인원 감소

※ 타부처로 62%-이직욕구(자료: 2005년 2월 서울대 행정대학원 조사)
※ 직무 만족도 최하위* 신규직원 멘토링을 통한 직원들의 역량 개발을 촉진
  *업무 능력을 향상
  * 바람직한 조직문화 확립 -중앙 10개 부처 중(자료: 2005년 서울신문)

* 신규직원 멘토링을 통한 직원들의 역량 개발을 촉진
* 업무 능력을 향상
* 바람직한 조직문화 확립

2. 멘토링 System 구축

지원 업무	노동부 혁신 성과 관리단	정원호 서기관 김성진 담당, 유연희 담당
시범 시행	노동부 부천지청	임인주 지청장: 멘토링실행위원장 최광휘 관리과장: 멘토링실행 TFTeam장 박은경 관리계장: 멘토링프로그램 매니저
전문 자문	멘토링 코리아	류재석 대표: 대표컨설턴트 탁충실 위원: 전문컨설턴트 한광훈 박사: 교육컨설턴트 김동철 박사: 교육컨설턴트

3. 멘토링 추진목표 설정

1) 추진 목표 설정

참가직원 차원 목표	1. 신입직원 멘제의 적응력 향상 2. 신입직원 멘제의 업무 조기 숙달화 3. 선배직원 멘토의 역량개발 활성화
부천지청 차원 목표	1. 인재경쟁력 확보 2. 대민업무 서비스 향상 3. 유기체적인 공동체(상하직원, 부서별)구축
본부혁신 성과관리 목표	1. [노동부 지청용 멘토링 실행 매뉴얼] 확보 2. 멘토링 확대를 위한 프로그램 관리 전문가 확보 3. 바람직한 조직문화 구축

2) 노동부 멘토링의 특징

(1) 프로젝트개념 도입-국내 최초로 정부기관으로서 프로젝트개념 도입

(2) 혁신업무차원 주제-혁신 성과 관리단에서 혁신업무 주제 선정

(3) 부천지청 시범시행-[멘토링 혁신주제]를 제안했던 부천지청 시범시행

(4) 신규직원 5개월 활동-신규직원을 위한 활동기간을 5개월로 실행

(5) 멘토링코리아 자문-[멘토링코리아]를 전문업체로 선정 위탁

3) 멘토링 추진 상호유익

- 멘제의 측면

조직 분위기에 적응하도록 생활의 지혜와 경험, 전문 지식을 멘토

로부터 제공 받아 문제해결 가능, 현장 활동에서 확실한 역할 수행

　- 멘토의 측면

　학습 등을 통해 멘제의 문제를 해결하는 과정에서 자기 계발이 가능, 멘제가 가지고 있는 정보 또는 외부로부터 취득한 정보의 상호공유로 역 멘토링 가능, 멘제의 신뢰와 존경심은 멘토의 자긍심고취

　-조직의 측면

　인재개발을 통한 차세대 핵심리더 육성, 커뮤니케이션 활성화를 통한 활기찬 조직문화 형성 등으로 조직목표의 효과적 달성, 각 계층 조직이익에 공헌

4. 멘토링 교육 수강

전문가 양성 교육	과정: 멘토링 전문가과정-20시간 목적: 멘토링 프로그램 전문가양성 수강: 박은경 관리계장 일시: 20시간(5월 18일, 5월 25일, 5월 29일)
핵심 간부 특강	과정: 부천 지청장 포함 핵심간부 목적: 멘토링 분위기 조성과 멘토/멘제 활동지원 수강: 1차 간부급 20명(5월 19일 2시간) 2차 핵심간부 7명(7월 24일 2시간)
멘토/멘제 Workshop	과정: 멘토/멘제 현장 Workshop 목적: 멘토링 활동자의 멘토링 학습, 기법 실시 수강: 멘토/멘제 20쌍 장소: 양평 셀라 리조트 일시: 6/9~10일 (2일 13시간)
멘토/멘제 보수교육	과정: 멘토/멘제를 위한 보수교육 목적: 활동 촉진 동기부여 수강: 1차-8/30일 2시간 2차-10/26일 2시간

5. 멘토/멘제 그룹활동

양평
Workshop
6/9~10
강화 해병대
병영체철
7/5일
대부도
포도 농장봉사
9/21
김포 운수산
제력단련 등산
10/28

6. 멘토링 활동 예시

우리들의 멘토링 Diary(활동일지)

멘토: 장기익, 멘제: 황현태			*멘토가 작성합니다		
일자	'06. 7. 25	시간	18:40~21:30	장소	식사 후 영화관람

미팅소재
1. 영화 한반도에 대한 의견교환

결과 의견
  1. 과거와 현재를 대비하여 민족적 감정을 고취
  2. 민족적 감정과 현 상황(현실)에서 정부 각료들의 갈등상황
	멘토링하는 날
	항상 옆자리에 근무하는 우리 두 사람 오늘은 매일 가는 분식집이 아니라 큰 맘 먹고 맛있는 음식을 먹으러 갔습니다 멋지게 포즈를 취하고 사진 한 방 '찰—칵' 너무 다정해서 하늘이 시샘하지 않을는지.

차기 추진사항
멘토(Mentor)
  1. 여름철 무더위 대비 체력유지(달리기)
  2. 어학학습
멘제(Menger)
  1. 여름철 무더위 대비 체력증진(수영강습 수강)
  2. 어학 및 IT학습	

활동비 소요: 20,000원(영화: 14,000원, 식사: 6,000원)	

멘토: 장기익　　멘제: 황현태					
일자	'06. 7. 31	시간	18:30-22:00	장소	청기와 횟집
미팅소재 　1. 돈과 우정 그리고 사랑---- 　2. 업무 처리진행 절차 등 　3. 최은정 감독관님을 모시고 재테크에 대한 방법					
결과 의견 　1. 돈 때문에 파괴된 우정 사례 　2. 가족 간 돈보다는 사랑으로 감싸는 가족애 　3. 전문가의 자문 필요성 및 꾸준한 저축					
차기 추진사항 멘토(Mentor) 　1. 여름철 무더위 대비 체력유지(달리기) 　2. 어학학습 멘제(Menger) 　1. 여름철 무더위 대비 체력증진(수영강습 수강) 　2. 어학 및 IT학습					
활동비 소요: 87,000원					

7. 노동부 목표대 실적표

멘토링 평가부문은 조직마다 멘토링 시스템을 도입하기 위해서는
사람, 시간, 자금 투자를 해야 하므로 투자에 대한 성과확보 측면에서
아래 3가지 차원에서 평가가 이뤄져야 한다.

[평가 기준]

　1) 평가기간: 분기별을 기준하여 중간평가와 활동을 종료하고 최
　　　종 평가

　2) 평가대상: 멘토/멘제 개인별 평가와 전체 쌍을 평가하는 그룹
　　　(조직)별 평가

3) 평가방법: 숫자를 반영하는 정량(경제성) 평가와 기타 설문중
심의 정성 평가

[평가기간]

1) 평가 계획: 2006. 5. 30(계획작성)
2) 최종 평가: 2006. 12. 11(종료식)

평가방법	평가유형	평가대상	평가기준	당초목표	성과실적	성과평가
정량 평가	유지율	그룹평가	최종쌍/당초쌍	90%	100%	달성
	정착률		최종 신입/당초 신입	90%	100%	달성
	회수율		회수금액/투자금액	200%	553%	달성
	인재역량 상승률		최종평균점수/당초 평균점수 *Star Game(51-48)	20% Up 당초 47점(토) 당초 48점(제)	65점 65점	달성 달성
	인재역량 상승률	개인 멘토 /멘제	최종점수/당초점수 *Star Game	20% Up	개인별 별첨	달성
	업무숙달	개인 멘제	정상기간/단축기간 *업무목표설정표	기간: 120% 숙달: 30Up	단축 2,5 개월	달성
	멘토 자생 력 상승률	개인 멘토	최종점수/당초점수 *멘토자기진단표	30% UP 당초 52점	72점	달성
정성 평가	활동만족	그룹평가	교육만족 5점 척도	3,5점 제/토	3,6	달성
	관계만족		관계만족 5점 척도	3,5점 제/토	4,0	달성
	교육만족		활동만족 5점 척도	3,5점 제/토	3,7	달성
	직장만족		직장만족 5점 척도	3,5점 제/토	3,7	달성
	환경분석	멘토그룹	인재개발 100점 만점	36점 멘토	54점	달성

1) 정량평가사례-노동부

정량평가 부분	1. 유지율: 멘토/멘제의 유지상태	100%
	2. 정착율: 멘제의 현재 정착상태	100%
	3. 업무 조기 숙달율-멘토를 통하여 멘제의 업무 숙달정도(평균)	2.5개월

정량평가 부분	4. 자금회수율(ROI)-투자금에 대한 회수율 투자금: 2천만 원 vs 회수금:1억 1천만 원	553%
	5. 인재역량(Star Game) 상승률-멘토/멘제 개인역량상승 멘토: 당초 47점-상승 65점 멘제: 당초 48점-상승 65점	138% 137%
	6. 멘토 자생력 상승률-멘토 자생력 상승점수 멘토 당초 52점-상승 72점	138%

2) 정성평가 사례-노동부

정성평가 부분	1. 멘토링 4가지 만족도 설문 실적 (평가기준 5점척도-당초목표 설정 3, 5) 1) 교육만족도: 멘토링교육 만족도 2) 활동만족도: 멘토링활동 만족도 3) 관계만족도: 인간간계 만족도 4) 조직만족도: 부청지청에 만족	 3.6 3.7 4.0 3.7
	2. 멘토 환경분석 평가-우리 부천지청에 인간존중지수(HRI)의 당초와 최종 상승수치 *멘토평가: 당초 36점-상승 54점	150%
	3. 멘토 인증 제도-멘토 20명에 대한 동기부여 차원에서 인증제 실시 하여 12/11일 멘토링 종료식 때 개인별로 인증서 수여 *인증기준 1) 교육점수 2) 활동점수 3) 포상점수	

5장

멘토교육
: Best 교육 Model

1. [모델: 한라산업개발㈜] 교육과정 특징

멘토링 교육의 특징은 선발된 멘토를 인간성, 효율성, 리더십을 개발하는 학습으로 우선 학습에 몰입할 수 있도록 아래 5가지를 배려한다

1) 콤비: 멘토 대상자 두 사람을 콤비로 참여하거나 교육현장에서 수강자끼리 연결하여 진행한다. 수강자의 요청 시 교육수료 후 365일 1년간 컨설팅 차원에서 콤비 별로 사후관리 및 자료서비스를 제공한다.
2) 교재: 교육 과정마다 출간교재가 선정되어 올바른 이론과 체계적인 실행 프로그 램을 갖춰 진행된다.

교재 1. 멘토링 경영총서-4권(시중구입 단행본으로 출간됨)
교재 2. 멘토링 인격총서-4권(시중구입 단행본으로 출간됨)

3) 방식: 교육과정은 현장사례 중심(PPT와 동영상), 논리, 재미, 감동의 방식으로 액티브(Active=몸 운동하는 동작을 가미)하게 진행된다.

4) 강사: 교육과정의 지루함을 피하여 단위업체와 상의하여 2시간마다 별도 강사를 배정하거나 남/여강사, 장년/젊은 강사 등을 주문형으로 선택이 가능하다.

5) 진단: 수강자 개인에 관한 특성이나 교육과정에 맞게 개인 예비진단이나 학습 도중에 진단도구를 사용하여 그 진단결과에 대응책을 마련한다.

멘토체계적 양성 멘토링 리더십 교육과정

1) 교육과정 개요

2) 1일째 Curriculum

3) 2일째 Curriculum

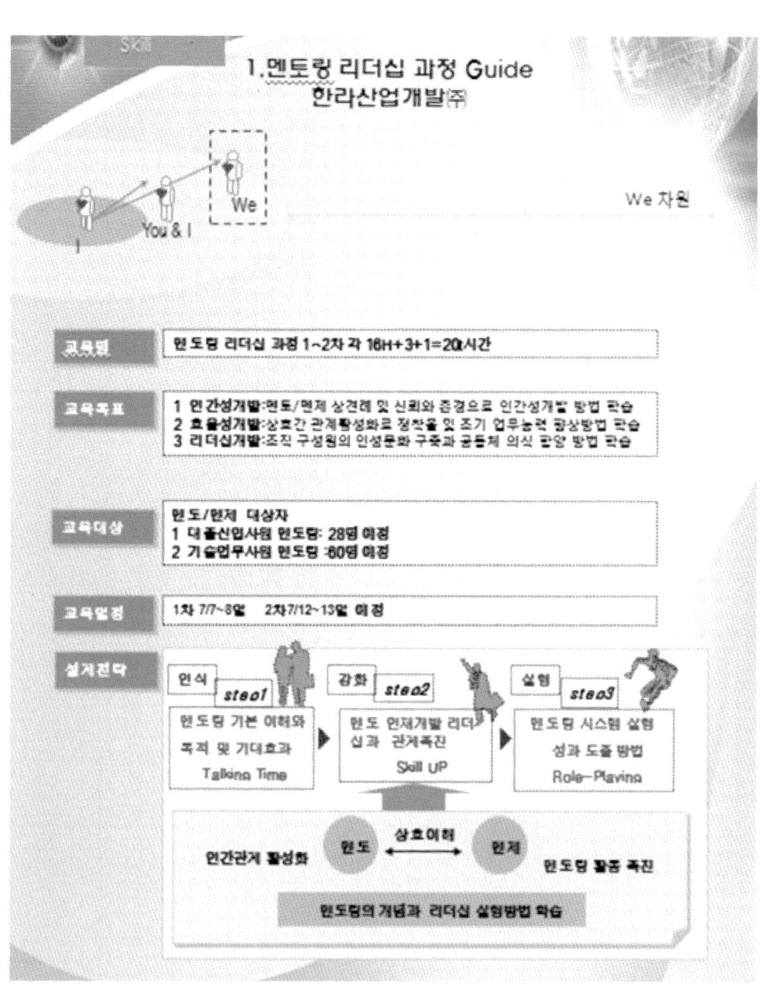
1. 멘토링 리더십 과정 Guide
한라산업개발㈜
We
You & I
We 차원
교육명
멘토링 리더십 과정 1~2차 과 16H+3+1=20시간
교육목표
1 인간성계발:멘토/멘제 상견례 및 신뢰와 존경으로 인간성계발 방법 학습
2 효율성계발:상호간 관계활성화로 정착을 잇 조기 업무능력 향상방법 학습
3 리더십계발:조직 구성원의 인성문화 구축과 공동체 의식 함양 방법 학습
교육대상
멘토/멘제 대상자
1 대졸신입사원 멘토링: 28명 예정
2 기술업무사원 멘토링 :60명 예정
교육일정
1차 7/7~8일   2차7/12~13일 예정
설계전단
인식 step1
강화 step2
실험 step3
멘토링 기본 이해와
목적 및 기대효과
Talking Time
멘토 멘제개발 리더
십과 관계촉진
Skill UP
멘토링 시스템 실험
성과 도출 방법
Role-Playing
인간관계 활성화
멘토
상호이해
멘제
멘토링 활동 촉진
멘토링의 개념과 리더십 실험방법 학습

2. 멘토링 리더십 과정 Curriculum

1일째 강의 Curriculum

동영상 사례 중심-8H 참여식 Active코스

Hour	Contents	Study Style
1H	**1장 멘토링 Story** 1) 멘토링 유래	멘토링이해 1. 동영상-상상력 개발 ············· 8m 2. 나의 멘토찾기 실습 ············· 10m
2H	2) 멘토링 효과성 3) 멘토링 인간 가치관 4) 멘토링 Case Study	3. Ing Motion-Fingering ··········· 15m 4. 해외 효과평가 사례 ············· 10m 5. 부천노동부-PPT동영상 ········· 30m
Lunch Time		
3H	**2장 Lynchpin Game** - 성격 개발 게임 1) 게임의 의미와 목적 2) Game Workshop 3) 결연식 연습 Scenario - EQ 감성촉진 Skill	지피지기 DISC-Work Style 진단 멘토/멘제 신뢰 및 관계형성 1. 동영상-상상력 개발 ··········· 8m 2. Ing Motion-Hugging ············· 15m 3. 동영상-대장금 멘토정신 ······· 5m -감성지수 개발 Workshop
2H	**3장 멘토링 관계 Skill** 1) Pygmalion칭찬 촉진 Skill 2) 우리 회사 HRI분석-인간존중 3) 조직 역량 강화 - 생산성 향상 Test	멘토/멘제 관계촉진 Skill 1. 동영상-상상력 개발 ············· 8m 2. 동영상: 칭찬의 힘 ··············· 5m 3. Ing Motion-Clipping ············· 15m 생산성 3-경영이해/업무숙달/SWOT

2일째 강의 Curriculum

동영상 사례 중심-8H 참여식 Active코스

Hour	Contents	Study Style
3H	**4장 Star Game** - 인재개발 목표관리 게임 1) 게임의 의미와 목적 2) Game-Workshop 3) 실천카드-Workshop 4) 멘토링 Case Study ***개인의 역량 및 성장 Test**	- 나의 성장 목표관리 1. 동영상-상상력 계발------ --8m 2. Ing Motion-Enlarging-----15m 3. 삼양그룹 모범사례 --------10m 4. 동영상: 대장금멘토 --------10m *장래성 3-Test 가정/직업/경제
Lunch Time		
3H	**분반 5장 멘토 Time** **상담코칭 Skill** *동영상: 상상력개발 1) 멘토 Story 2) 상담 코칭 Skill 3) 관계 코칭 Skill 4) 경청 코칭 Skill *동영상: 감동의 하모니	**분반 5장 멘제Time** **커뮤니케이션 Skill** *동영상: 상상력계발 1) 멘제 Story 2) 소통 Skill 3) 질문 Skill 4) 토론 Skill *동영상: 감동의 하모니
2H	**6강 Meeting 활동계획 Skill** Step 1. Skilling(계획단계) Step 2. Acting(활동단계) Step 3. Checking(평가단계) ***결연식 진행**	미팅 액션 프랜닝 작성-7 Step 1. 동영상-상상력계발-------8m 2. Talking-Scenario발표----15m 3. 사례-칭찬의 힘----------5m 4. GE그룹 및 잭웰치-------10m

Part 3

Mentor 기술 Skill

이번 멘토열풍 사례는 청와대를 비롯한 정부 중앙부처 5곳을 살펴봤다. 기본적으로 멘토제도는 오늘날 한 사람을 1:1 방법으로 단기간 내에 확실한 변화를 도출해 내는 인재개발의 최적 방법으로 각광받고 있다.

그러나 멘토링 현장에서는 멘토에 관한 체계적이나 전문적인 양성 없이 성과만을 기대하는 것이 비일비재하다. 이번 3차에서는 멘토활동 성공률을 높여주는 3가지 촉진기술 개발법을 다루었다.

Chapter

멘토 희망열풍

: 정부기관

1. 청와대 Humannetwork Project

李明博 대통령의 2009년도 '8 · 15 경축사' 후속 조치로서 '휴먼네트워크멘토링 (Humannetwork) 추진위'를 만들었다. 청와대가 사회지도층 인사와 취약계층 자녀를 1:1로 연결하는 휴먼네트워크 구축 방안을 추진하고 있는 것으로 알려졌다.

사회지도층이나 각 분야의 전문가가 한 부모가정이나 다문화가정과 같은 취약계층 아동의 '멘토'가 돼 지원해주는 사업을 펼치겠다는 것이다. 이를 위해 조만간 '휴먼네트워크 추진 위원회'를 만들 계획이다.

당시 청와대 박재완 국정기획수석은 이날 한나라당 최고위원회의에 참석해 이 같은 내용을 포함한 22개의 8 · 15 경축사 후속조치를 설명했다고 복수의 한나라당 관계자들이 전했다(조선일보 2009. 8. 28일 자).

청와대 후속조치 1

1) 교육과학기술부 Humannetwork Project

청와대 후속조치 1)로 교육과학기술부는 교육대학생 등 대학생 2,500명을 다문화 가정 학생과 1대1로 연결, 멘토로 활용하는 교육지원 사업을 추진한다고 21일 발표했다. 대학생들은 방학기간과 방과후, 주말에 걸쳐 다문화 가정 학생들에게 한국어와 기초 교과를 가르치게 된다. 대신 대학생들은 교육봉사 학점(2학점)과 교과부에서 지원하는 근로장학금(15만 원)을 받는다. 다문화 가정 학부모들이 방과후학교 강사로 출신국의 언어나 문화 등을 가르치게 하는 등 다문화가정 지원사업도 추진된다.

교육과학기술부 이주호 장관
다문화 가정 자녀 · 대학생 '1대1 멘토링'
'학부모'는 방과 후 학교 강사 활용
멘제: 다문화 가정학생
멘토: 방과 후 강사 교대생 2,500명
방법: 방과 후 1:1로 연결 주말마다 강사
지원: 멘토 2학점 근로장학금 15만 원
내용: 한국어, 기초 교과 출신국의 문화
모델: 미국이 1904년에 도입한 청소년 선도 멘토링 제도(BBS=Big Brothers & Sisters Movement) 벤치마킹

[BBS 운동(Big Brothers and Sisters Movement)]
20세기 초 미국에서 시작된 문제아동을 대상으로 하는 청소년 선도운동 멘토링 문제청소년의 교화는 '한 사람의 형이요, 누나인 청년

남녀의 손으로'라는 슬로건 아래, 1904년 12월 뉴욕시(市) 소년재판소의 서기 E.K.콜터에 의하여 제창되었다.

콜터는 자기가 소속되어 있는 그리스도교회 모임에서 불량청소년이 늘어가는 상황을 보고하고, 그들에 대한 책임은 그들 자신에게만 있는 것이 아니고 그들의 형이며 누나인 우리들에게도 있다고 호소, 이 자리에 모였던 청년들의 호응으로 선도운동을 벌이게 된 것이 그 기원이다.

그 후 이 운동은 미국 각지에서 전개되어, 15년에는 회원이 약 700명으로 늘었고, 1,912명의 문제청소년들을 다루어 99%의 선도에 이르는 좋은 성과를 거두었다. BBS 운동은 문제청소년에 대한 교화를 '한 사람이 한 사람의 소년을(one man one boy)'이라는 방법으로 전개한 것이 특색이다. 이 운동은 하계학교 등에서 그룹워크 등의 방법과 병용하여 청소년 선도에 상당한 효과를 거두고 있다.

청와대 후속조치 2

2) 보건복지부 Humannetwork Project(www.humannet.or.kr)

청와대 후속 조치 2)로 멘토링 휴먼네트워크협의회'를 이끌고 있는 공동위원장인 보건복지부 장관과 KBS 사장은 사람을 통해 사람을 키우는 신나눔 문화인 '휴먼네트워크' 사업이 올해 6대 분야로 확대 추진된다고 발표했다

올해 휴먼네크사업 출발을 알리는 출범식이 5월 31일 서울대 총장실 부속 대회의실에서 선도멘토 등 관계자 60여 명이 참석한 가운데

개최됐다.

'2010 휴먼네트워크협의회' 출범식을 갖고 그간 저소득 아동에 대한 학습 멘토링에 머물러 있던 휴먼네트워크 사업을 성장넷·후견넷·자활넷·생명넷·장애넷·글로벌넷 등 6대 분야로 확대 추진한다고 밝혔다.

2. 여성가족부: 위민넷 멘토제도(www.women.go.kr)

정부기관으로서는 최초로 여성가족부(백희영 장관)에서 2003년부터 추진하고 있는 인터넷상 멘토제도는 여성전문가를 멘토로 매년 300쌍 이상이 참여하여 성공리에 이어오고 있다.

온라인상에서 여성들이 삶의 지혜와 용기를 나눌 수 있는 새로운 만남의 시스템을 '사이버 멘토링'이라 한다. 이제 막 자신의 꿈이 무엇인지 고민하는 여고생과 여대생, 그리고 자신의 성공을 위해 한 발짝 앞으로 나가려고 하는 여성들의 실질적인 조언이 필요할 때 주변에 상담해 줄 사람이 없는 경우가 많습니다.

또한 바쁜 일상생활 사람 한 번 만나는 일이 돈 들고, 시간드는 일이 어려운 일이지만, 사이버라는 제3공간은 여자들에게 새로운 집 짓기와 만남을 가능하게 하고 있다.

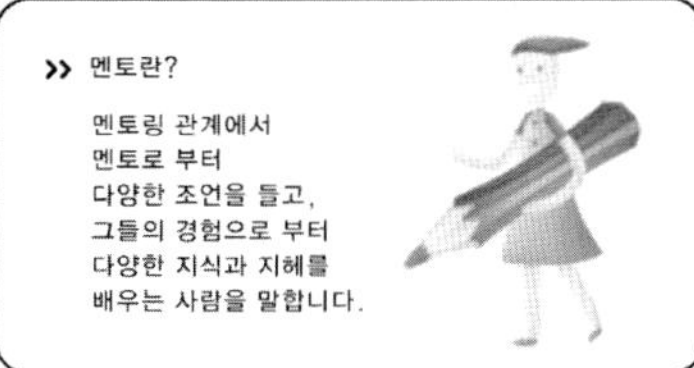

3. 행정안전부 – 공무원 사이버 멘토링교육 (www.elearning.go.kr)

오늘날 멘토링 프로그램이 인재개발 분야의 중심축을 이루면서 그 기반이 되는 멘토링 교육도 다양하게 실시되고 있다. 대부분 업체에서 멘토링의 특성상 면대면(Face to Face) 교육으로 현장(Off Line)교육을 우선하여 실시하고 있는바 금번에는 멘토링 교육의 새로운 형태(New Trend)로 행정안전부에서 성공적으로 실시하고 있는 [공무원 사이버 멘토링 교육]에 관하여 소개하고자 한다.

1) 과정개설 동기

그동안 행정안전부 지방연수원을 통하여 멘토링 오프라인 과정을 실시해오던 중 금번(2009년) 보완차원에서 온라인 사이버과정을 추가하게 되었다.

2) 과정제작에 참여자

(1) 교육과정 주관: 행정안전부 지방행정연수원
(2) 교육교재 원고작성 및 교육자문: 멘토링코리아 류재석 대표
(3) 온라인 프로그램개발: ㈜나날 차상태 대표

사이버멘토링 교육 성공적인 실행
  1차 년도: 1회 정원 600명으로 3회 실시함
  2차 년도: 1회 정원 200명으로 격월간으로 실시함

왜? 사이버 멘토링인가?

사이버 멘토링 교육 과정은 On Line과정으로 인터넷상에서 자율학습하는 과정이다. 특히 멘토 그룹 등 대량인원이 동시에 시간적, 지역적 제한을 벗어나 자유롭게 학습할 수가 있어 오늘날 다양하고 복잡한 업무처리로 시간과 공간의 제한을 받고 있는 멘토링 참여자에게 최적의 프로그램으로 인정받고 있다.

4. 한국장학재단(이경숙 이사장) (www.korment.kosaf.go.kr)

대학생 3,000여 명이 전국의 초 · 중 · 고교에 찾아가 인생상담 · 학습지도를 해주는 '1만 명 인재 멘토링 네트워크' 프로그램을 한국장학재단(이경숙 이사장)이 28일(2011. 4)부터 전개한다.

올해는 물론 내년 이후도 펼치는 '1만 명 멘토링' 프로그램에는 서울, 연세, 고려, 서강, 성균관, 한양대, 카이스트, 포스텍 등 전국의 대학생들이 초 · 중 · 고등학생들과 온라인 또는 오프라인을 통해 만나서 진로와 고민을 이야기하고 공부방법을 가르쳐준다. 캠페인은 학기 중과 방학 중으로 나눠 실시된다.

여름 · 겨울방학 때는 대학생 2,000여 명이 교육여건이 열악한 지역의 중 · 고교를 찾아서 1대5로 멘토 · 멘제 결연을 맺고 지식봉사를 할 예정이다. 학기 중에는 대학생 1,000명이 초 · 중 · 고교생 1,000명과 2(대학생)대2(초 · 중 · 고등학생)로 결연을 맺어 4명이 같이 공부하는 프로그램을 진행한다.

대학총장과 기업대표 등 사회 명사들도 이 캠페인에 참여한다. 이들은 지식봉사에 나서는 대학생들의 멘토가 되어 이들에게 진로상담 등 조언을 하게 된다. 이 캠페인은 올해 1만 명의 대학생과 초·중·고교생이 참여하는 것을 목표로 하지만 내년에 3만 명, 5년 후 10만 명의 대학생과 초·중·고교생이 참여하는 운동으로 발전시켜 나갈 계획이다.

조선일보·한국장학재단의 '대학생졻초중고생 멘토링' 이용법

사회지도층 인사들은 대학생을 멘토롤—2 3일 오후 서울 장춘체육관에서 열린 한국장학재단의 코멘트(Korment: 장학재단의 인재멘토

링 네트워크) 제2기 출범식에서 멘토와 멘제 2,000명이 참석해 T셔츠
를 맞춰 입고 환호하고 있다.

2장

멘토 모델
: 개인/조직사례

1. 개인: 예체능 영역 멘토 모델

예체능 영역은 사부와 제자 간에 이루어지는 인격활동이다. 멘토링 활동 중에서 가장 빈번히 이루어지는 활동으로 옛날에는 사부라는 호칭으로 침식을 같이 하면서 자연스럽게 전인적인 인격활동이 이루어졌다. 그러나 오늘날 대부분 기술지도에 국한하여 기술분야만 치중하기 때문에 대부분 코치에 머물고 있는 수준이다.

코치: 기술이나 업무나 학업 등 전문적인 특정 부문을 지도한다.

멘토: 코치의 역량을 포함하여 전인적인 역량을 발휘하여 인간성장을 돕는다.

오늘날 국내 예체능 성공 모델로 김연아, 박지성, 박태환 선수가 멘토를 잘 만나 성공적인 모델이 되었고, 골프에서는 박세리, 신지애 등이 성공 모델, 바둑에서 이창호는 어릴 때 멘토 조훈현과 침식을 하면서 지도받아 대성하였고, 연예계에서 가수 정지훈(예명: 비)은 박진영 멘토를 만나 세계스타가 되었고, 음악에서 장한나 · 조수미 · 신현수 등도 어릴 때부터 멘토를 만나 현재 성공적인 활동을 하고 있다.

기술스타: 피겨나, 수영, 축구 등과 같이 기술로만 뛰어난 선수가
있는 반면

인간스타: 기술도 뛰어나고 인간성도 뛰어나서 인간스타로 존경받
는 선수가 있다.

희망과 꿈과 행복

바둑 이창호와 조훈현 선배와 침식동행 멘토링

이창호(李昌鎬) 선수는 대한민국의 프로 바둑 기사다. 그는 조훈현 문하생으로
견고한 기풍과 대국 중에 흔들리지 않는 표정으로 바둑인들에게서 돌부처라는 별
명을 얻게 되었다.

멘토 조훈현 사범은 감각과 취향이 전혀 다른 이창호 기사를 어릴 때 가정숙식
內弟子(내제자)로 받아들였다. 세계 정상의 프로가 절정을 달리는 나이에 제자를
받아들이는 일은 프로세계의 「禁忌(금기)」다. 그것도 넓지 않은 집에 부모를 모
시는 형편에 집안으로 제자를 받아들여 가르치는 것은, 보통사람의 상상을 뛰어
넘는 모험이었다. 조훈현 사범은 많은 멘토 중에서 가장 인격적인 멘토로 인정받
고 있다.

---

2. 조직: 공무원 영역 멘토 모델

공무원 직장영역은 선배와 후배 간에 인격적인 활동이다.

직장생활 멘토링은 구성원들의 중장기적으로 직업과 연결되므로
인격적인 멘토를 잘 만나는 것은 행운이다. 특별히 가정에서처럼 직
장에서도 엄격한 상사는 생산성으로, 따뜻한 멘토는 인간성으로 균형
경영이 이뤄진다면 개인의 만족감으로 행복한 직원과 직장의 효율성

으로 희망찬 조직건설에 계기가 될 것이다.

미국에서 포춘지 조사 제일 존경받는 기업 1순위인 SAS Institute 짐 굳나잇 회장은 "행복한 젖소가 우유를 많이 생산하는 것처럼 행복한 직원이 생상성을 높인다"고 말했다.

박세리/박혜은(노동부 부천지청)
노동부 혁신관리단의 지원으로 부천지청에서 멘토링 시범 활동에 참여하고 있는 멘토 박세리 님과 멘제 박혜은 님의 어느 미팅 날 활동했던 사례발표다.

[미팅날에 생긴 일]
이번 개별활동 시간에는 센터의 김은아 쌤, 윤주희 커플과 함께 영화 캐리비안해적-망자의 함을 보러 갔어요. 비록 1탄의 내용이 기억이 안나 답답한 면도 있었지만… 좋은 사람들과 함께해서 그런지 영화가 참 잼났습니다.
첨엔 약간 부담스럽던 멘토링 데이가 이젠 기다려지기도 하고…
멘제 혜은이와 함께하는 시간이 즐겁기도 하고…
그동안의 스트레스가 확 풀리는듯한 느낌이었어요. ^^
이번 주엔 은아쌤-주이커플과 함께해서 더욱 유쾌했고요
영화 끝나고 활동 일지용으로 꼭 찍어야 된다고 우겨서 겨우 찍은 사진~
(안 찍어오면 은경 쌤한테 혼나요ㅋ)
멘토링 덕분에 힘든 것도 많지만 그만큼 추억도 많아지는 것 같아요
벌써부터 멘토링 프로젝트가 끝나면 아쉬울 것 같단 생각이 듭니다~~ ^_^

3장

멘토 교실(Study)
: 활동촉진기술

　　멘토의 활동은 한 사람을 전인적인 프로그램으로 인격적인 리더로 개발하는 것을 목적으로 한다. 이 목적을 성공적으로 달성하기 위해서는 멘토를 비롯하여 멘토링에 참가하는 자들의 책임의식과 목표의식 그리고 보람의식을 갖도록 지원과 적극적인 협력을 필요로 한다.
　　특히 멘토는 1:1 멘토링 한 쌍의 주관자로서 남다른 인재개발 기술을 필요로하는 데 아래 3가지 멘토 활동촉진 Skill은 멘토 양성 프로그램에서 가장 기본적이고 또한 전문적인 차원에서 필수과목이다.

1. 멘토 역할 촉진 Skill
2. 멘토 관계 촉진 Skill
3. 멘토 미팅 촉진 Skill

1. 멘토 역할진단 Skill 개발법

소재 1-멘토 자질 테스트

소재 2-멘토 역할 테스트
소재 3-멘토 자생력 테스트

설문만점: 1개당(매우 좋다) 2.0-1.5-1.0-0.5-0.0 (매우 좋지 않다)

참고점수: 설문내용을 이해할 수 없을 때는 1점으로 계산한다.

현재득점: 설문 10개 합계점수

목표점수: 20점 만점-현재득점

목표관리: 목표점수 업그레이드는 미팅활동에서 다루고 계속 3개
월 만에 재점검한다.

상호협조: 멘토와 멘제는 미팅할 때 상호 간 공개리에 목표점수를
관리하면서 돕는다.

소재 1. 자질 테스트

번호	1. 자질(Self Quality)개발 소재	점수
1	나는 계속 배우려는 열망과 능력이 있다.	
2	나는 사람들에게 영향력을 가지고 있다.	
3	나는 전체적인 틀을 본다.	
4	나는 책임을 질 줄 안다.	
5	나는 다른 사람을 잘 이해한다.	
6	나는 긍정적인 변화를 유도한다.	
7	나는 교양 생활이 모범적이다.	
8	나는 다음에 무슨 일을 해야 할지를 잘 파악한다.	
9	나는 다른 사람을 인재 개발하는 능력이 있다.	
10	나는 다른 사람들에게 지도자로 인정받고 있다.	
	소계	

소재 2. 역할 테스트

번호	역할	2. 역할(Role)개발소재	점수
1	교육	나는 멘제에 대하여 가르치기를 아주 좋아한다.	
2		나에게는 멘제에게 가르칠 수 있는 핵심 역량이 있다.	
3	상담	나는 멘제와 상담 시 내 의견보다는 먼저 경청을 잘한다.	
4		나는 평상시 멘제의 개인적인 건의에 관심을 갖고 해결에 노력한다.	
5	코치	나는 멘제와 평소 업무를 떠나 어울리기를 좋아한다.	
6		나는 휴일이나 업무시간 외에 야외나 외식 등 친교 활동을 한다.	
7	후원	나는 멘제에게 칭찬 70% /책망 30% 비율을 제대로 지킨다.	
8		나는 멘제를 우리 조직이나 기타 조직에 추천한 적이 있다.	
9	조정	나는 멘제로부터 문제 해결 요청을 받을 때 최단 시간에 해결한다.	
10		나는 멘제의 업무, 보직, 부서배치 등에서 조정 요청에 해결해 준다.	
		소계	

소재 3. 자생력 테스트

번호	구분	3. 자생력(Selfscored)개발소재	점수
1	소명의식	멘제와 직장 체험 나누고 궁금해하는 점을 설명해 준 적이 있다.	
2		내가 속해 있는 회사에 만족하며 다른 이에게도 권할 의향이 있다.	
3		조직의 구성원이 된 것에 감사하고 있으며, 멘토가 된 것도 나에게 주어진 사명이라고 생각한다.	
4	사명의식	자신의 가족을 멘제에게 소개하고 식사를 함께한 적이 있다.	
5		멘제의 애경사에 관심을 갖고 참석한다.	
6		멘제에게 힘겨운 일이 생겼을 때, 나는 그가 찾아올 수 있는 평안한 사람이라고 생각한다.	
7		멘제가 관심을 보이는 자선단체나 봉사활동에 대해 조언을 해줄 수 있을 정도의 지식을 갖고 있다.	
8	창의의식	멘제가 최근에 했던 고민을 알고 있다.	
9		멘제에게 학회 출판 자료나 전문서적 구입을 권한다.	
10		가끔 조직 밖으로 나가서 그들과 함께 유익한 문화생활을 한다.	
		소계	

2. 멘토 관계진단 Skill

1) 성격 개발진단 도구

(1) 멘토링 관계의 정의

멘토링에서 관계(關係 Relation)는 인격을 기본으로 인간 간 수평적인(Person to Person) 관계를 의미한다.

*여기에서 관계는 외형적이거나 계급 등 신분적이 아니라 평등한 인격적인 관계다.

*하나님과 인간 관계 *부모와 자녀 관계 *부부관계 등은 멘토링보다 더 깊고 높은 관계(High Quality)이며 수직적인, 또한 부부일체적인 면에서 멘토링과 비교할 수 없다.

(2) 멘토링 관계의 보완

인간 관계 형성은 인간의 본능이다. 그래서 역사 이래로 멘토링은 지속되어 왔고 오늘날도, 그리고 미래에도 인류가 존속하는 한 멘토링 관계는 지속될 것입니다. 전통적인 멘토링에서는 프로그램 없이 위대한 멘토의 리드(Lead)에 의하여 멘토링 성공 사례는 수도 없이 많다

그러나 오늘날 조직에 멘토링 관계는 위대한 멘토를 찾기에 그리 쉽지 않기 때문에 인위적 계획적으로 멘토/멘제를 선정하여 모니터링 시스템(Monitoring System)에 의하여 진행하고 있는데 이를 제도적 멘토링(Systematic Mentoring)이라고 부른다.

(3) 올바른 관계 형태

멘토링 관계의 상호 간은 멘토와 멘제다. 많은 사람이 멘토링을 1:1 이 전부인양 생각하나 그것은 선입견이다. 멘토링의 가장 올바른 관계형태는 멘제 1에 멘토가 다수(전문별로 멘토 1, 멘토 2, 멘토 3 —)로 도움을 주는 형태다. 바로 왕자 한 사람을 왕의 왕사(王師) 여러 사람이 도움을 주는 형태가 멘토링 관계에서 가장 올바른 형태이기 때문이다.

관계형태 1-멘제 1-멘토 다수 — 고품질의 멘토링(High Quality)
관계형태 2-멘제 1-멘토 1 — 일반적인 멘토링
관계형태 3-멘제 다수 — 멘토 1 — 저품질의 멘토링(Low Quality)

*형태 3의 경우는 멘토링이기보다는 코칭이나 팀장제도에 가까운 형태다.

2) 관계(Relation) 진단도구

(1) 이 설문항목은 4가지 성격유형에서 강점 10개와 약점 7개를 선별할 수 있다.
(2) 가능한 4개 한 묶음에서 나에게 가장 거부감이 적은 1개씩을 선택하라.
(3) 그러므로 전체 68항목 중에 17개만 번호에 0표 하면 된다.

No	설문항목	No	설문항목
1	행동이 적극적이다.	37	개방적, 쾌락적인 일을 좋아한다.
2	협력적이다.	38	상대방의 기분을 이해한다.
3	효율적이다, 능률적이다.	39	스스로 움직인다.
4	근면하다.	40	분석력이 뛰어나다.
5	매사에 열중한다.	41	본제에서 벗어난다.
6	가까이하기 쉽고, 친하기 쉽다.	42	결단이 느리다.
7	열심히 일한다.	43	남에 대한 배려가 부족하다.
8	매사를 면밀히 추진한다.	44	유연성이 결여되어 있다.
9	활기가 넘친다.	45	시간관념이 희박하다.
10	사교술이 능숙하다.	46	자기주장이 적다.
11	행동이 민첩 신속하다.	47	억지를 부린다.
12	논리적, 체계적이다.	48	결단을 내리는 데 시간이 걸린다.
13	대인관계에 능숙하다.	49	감정에 좌우된다.
14	코치나 상담에 능숙하다.	50	일에 대한 관심이 희박하다.
15	책임감이 강하다.	51	말투가 억세다.
16	질을 중시한다.	52	박력이 부족하다.
17	상대방을 몰두하게 한다.	53	기분이 변하기 쉽다(싫증나기 쉽다).
18	온화하다.	54	남의 일에 너무 신경을 쓴다.
19	늘 성과(결과)를 중시한다.	55	지나치게 자기중심적이다.
20	문제발견에 흥미를 느낀다.	56	혼자 일을 한다.
21	영감(inspiration)을 중요시한다.	57	정리, 정돈이 서툴다.
22	개인적인 정보에 강하다.	58	비약이나 모험을 노리지 않는다.
23	도중에 포기하지 않는다.	59	안색, 목소리, 표정이 빈약하다.
24	사실을 중시한다.	60	표정이 없는 편이다.
25	비약에 목표를 둔다(大志).	61	차근차근 책읽기를 싫어한다.
26	소집단 활동을 즐긴다.	62	신속하지 못하다.
27	시간에 정확하다.	63	무리한 목표라도 도전한다.
28	지식, 정보를 수집한다.	64	보수적(비약하려 하지 않는다)이다.
29	민감하게 반응한다.	65	논리적으로 생각하기를 싫어한다.
30	긴장을 풀어준다.	66	주저하기 쉽다.
31	간결하고 낭비가 적다.	67	냉담하다.
32	일을 제대로 처리한다.	68	사교성이 결여되어 있다.
33	미래지향적이다.		
34	분위기 조성을 잘한다.		
35	열정적이다.		
36	자기관리를 할 수 있다.		

3) 4가지 성격유형 분석표

Dominating Style(주도형)	Facilitating Style(우호형)
1, 5, 9, 13, 17, 21, 25, 29, 33, 37, 41, 45, 49, 53, 57, 61, 65	2, 6, 10, 14, 18, 22, 26, 30, 34, 38, 42, 46, 50, 54, 58, 62, 66
Controlling Style(관리형)	Analytical Style(분석형)
3, 7, 11, 15, 19, 23, 27, 31, 35, 39, 43, 47, 51, 55, 59, 63, 67	4, 8, 12, 16, 20, 24, 28, 32, 36, 40, 44, 48, 52, 56, 60, 64, 68

4) 성격유형 4가지 대응법

유형	바람직한 대응(엔도르핀 유발)	피해야 할 대응(스트레스 유발)
D	1. 흉금을 터놓기 농담으로부터 시작한다. 2. 정력적으로 신속하게 큰 소리로 얘기한다. 3. 커다란 관점에서 이야기를 전개한다. 4. 목표달성 과정의 즐거움을 시사한다. 5. 상대방 꿈이나 아이디어에 관심 표명한다.	1. 소극적이며 인정없는 태도를 취하지 않는다. 2. 자질구레한 이야기는 피한다. 3. 원리, 원칙이나 규칙을 고집하지 않는다. 4. 상대방의 비판하거나 설득하지 않는다. 5. 좋고 나쁨, 사실, 숫자 등을 고집하지 않는다.
F	1. 흉금을 터놓은 분위기로 이야기한다. 2. 1:1로 개인적인 관심을 갖는다. 3. 상대방 협력에 대해서 감사 표시한다. 4. 온화한 부드러운 말씨로 이야기한다. 5. 상대방의 생각을 적극 받아들인다.	1. 일에 관한 이야기를 곧바로 하지 않는다. 2. 냉담, 무관심한 태도를 나타내지 않는다. 3. 논리나 책략으로 반론을 펴지 않는다. 4. 지배적, 군림, 과도한 요구는 하지 않는다. 5. 곧바로 결론을 이끌어 내지 않는다.
C	1. 일에 관한 이야기를 중심적으로 한다. 2. 간결하고 알기 쉽게 이야기한다. 3. 시간을 정확히 지킨다. 4. 정력적으로 신속하게 이야기한다. 5. 목표와 결과를 늘 분명히 한다.	1. 두서없이 지루하게 시간 낭비하지 않는다. 2. 개인적인 문제나 생각을 내놓지 않는다. 3. 지시, 명령, 충고하는 말투를 쓰지 않는다. 4. 결론을 먼저 내지 않는다. 5. 잡담이나 세상사는 말을 하지 않는다.
A	1. 일에 관한 이야기로부터 들어간다. 2. 신중하게 천천히 진행된다. 3. 데이터, 자료 등 사전준비 대응한다. 4. 상대에 생각할 수 있는 시간을 준다. 5. 결론은 서면으로 남겨둔다.	1. 상대방이 혼란될 만한 이야기는 피한다. 2. 너무 과장된 이야기는 하지 않는다. 3. 추켜세우거나 너무 친숙하게 얘기하지 않는다. 4. 책략이나 교묘한 수단을 쓰지 않는다. 5. 결단(의사결정)을 서둘지 않는다.

5) 소통 개발진단 도구

(1) 소통관계 지수 측정방법

여자들은 하루 평균 3만 단어를 이야기하고 남자들은 평균 1만 5천 단어를 이야기한다고 한다. 이 말을 들은 아내가 "남자들이 여자 말을 워락 안 들으니까, 여자들이 늘 똑같은 말을 두 번씩 하게 되지 않아요. 그러니까 두 배지." 3초 후에 남편이 아내에게 다시 묻는다. "뭐라고?" 소통 없이는 고통이 따르고 어렵고 힘이 든다고 한다. 소통하기 위해서는 효과적 커뮤니케이션이 필요하며 타인의 입장에서 생각하고 들어야 한다.

소통을 위해서는 피나는 연습과 노력이 필요하다. 시시코의 존 챔버스 회장은 난독증이었으며 처칠은 말더듬이였음에도 불구하고 대중과 소통하기 위해 피나는 노력, 연습을 했다. 우리의 소통 지수를 알아보고 필요한 부분을 적극적으로 개선하기 위해 노력해 보기로 하자. 다른 사람을 만나는 상황을 머릿속에 그리며 테스트해보라.

5점 항상 그렇다. 4점 대체로 그렇다. 3점 보통이다. 2점 대체로 그렇지 않다. 1점 전혀 그렇지 않다.

(2) 소통관계 지수 자기 진단 Sheet

NO	원칙	자기진단내용	Check
1	공감 원칙	다른 사람을 만날 때 상대방과의 차이를 인정하는가?	
2		상대방에 대해 알고자 노력하는가?	
3		상대방의 심정과 생각을 이해하고자 노력하는가?	
4		자기 이야기를 격의 없이 질문하는 편인가?	
5	경청 원칙	말하기보다는 상대방의 이야기를 듣는가?(양적 입장)	
6		상대방의 이야기를 진지하게 깊게 듣는가?(질적 입장)	
7		사람을 만날 때 의상과 외모에 신경을 쓰는가?	

8	통합	말할 때 상대방을 설득하기 위해 제스처를 사용하는가?	
9	원칙	이야기를 할 때 상대방과 눈을 마주치는가?	
10		상대방에게 부드럽게 이야기하는가?	
11	스토리	상대방과 막힘없이 많은 이야기를 할 수 있는가?	
12	텔링	다른 사람의 이야기 등 사례를 많이 말하는가?	
13	원칙	상대방에게 말할 때 조리 있고 짜임새 있게 이야기하는가?	
14	명료성	상대방에게 말할 때 이야기 주제가 명료한가?	
15	원칙	상대방에게 말할 때 주제가 논리적이고 출처가 분명한가.?	
16	반복	상대방에게 자기주장을 반복해서 설득하는가?	
17	자극	타인과 만날 때 자기만의 매력을 보이려고 노력하는가?	
18	원칙	누군가를 만났을 때 타인을 배려하는 매너가 있는가?	
19	진정성	누군가 만났을 때 상대방에게 집중하는가?	
20	원칙	상대방에게 하고 있는 말과 행동이 일치한다고 보는가?	

(3) 자기 점검 등록표

등급	득점점수	평가	평가내용
1등급	90점 이상	소통의 달인	어떠한 상황에서도 차이를 인정하고 소통을 시도한다. 경청을 통해 다른 사람의 의견을 먼저 받아들이고 자신의 의견도 상황에 맞게 적절히 전달한다. 항상 상대방을 최우선으로 하여 소통한다. 역사적 인물이나 성인의 반열이다.
2	80	원할한 소통	소통을 하고자 매사 노력한다. 여건이 허락하면 차이를 인정하고 좋은 관계를 맺고자 노력한다. 주변 사람에게 친화력이 좋은 사람으로 인정 받으며 매력적인 인물로 주변에 사람이 모인다.
3	70	평범한 소통	소통의 중요성을 인식하고 소통하고자 시도하지만 안 되는 경우가 종종 발생한다. 자신의 이익과 관련된 문재가 개입되면 소통보다는 일방적 주장으로 상대방을 설득하고자 한다.
4	55	일방적 소통	소통을 자신의 주장이 관철되는 것으로 이해한다. 자신의 주장을 모두 전하는 것이 좋은 소통이라 생각하고 특히 자신의 매력을 높이는 것에 몰두하지만 상대방에게 잘 집중하지는 않는다.
5	55점 이하	불통의 단계	타인과 차이를 인정하지 못할 뿐 아니라 자신의 메시지 자체도 효과적으로 전달하지 못한다. 관계 형성이 안되며 나중에는 만남 자체를 꺼린다.

자료인용 http://Zimm.blog.me/40094294031

6) 칭찬 개발진단 도구

칭찬은 분명 사람을 기분 좋게 하는 최고의 기술이다. 다른 사람의 기분은 물론 나의 기분까지도 좋게 만드는 기분 좋은 휘파람이다. 이 멋진 휘파람은 사람과 돈과 명예를 한꺼번에 모을 수 있는 신비의 주문으로 신께서 누구나 쉽게 사용할 수 있도록 우리의 가슴속에 넣어두셨으나 이것을 꺼내어 제대로 사용하는 사람은 거의 없다. 신이 주신 큰 선물, 칭찬의 7가지 요령을 소개한다.

(1) 웃으며 하라!

칭찬 내용도 중요하지만 나의 감정을 어떻게 전달하느냐가 가장 중요한 포인트이다.

만약 무표정한 얼굴과 무미건조한 목소리로 칭찬을 한다면 마치 놀리는 듯한 느낌을 갖게 될 것이다.

웃음과 칭찬은 가장 훌륭한 파트너이다.

(2) 구체적으로 하라!

우리가 칭찬을 하다 보면 그냥 형식적으로 하는 경우가 대다수이다.

예를 들면 "눈이 이쁘세요", "아름다우시네요!"라고 칭찬한다.

물론 안 하는 것보다는 낫지만 감동을 동반한 큰 효과는 기대하기 어렵다.

칭찬에 구체적인 이유를 설명하자!

"눈동자가 정말 크시네요! 연예인 누구처럼 청순해 보이세요^^"

"아름다운 얼굴과 오늘 입으신 패션과 너무 잘 어울리시네요~"

"얼굴만 이쁘신 게 아니라 패션감각도 뛰어나시네요^^"

라고 칭찬한다면 전자보다 훨씬 큰 효과를 기대할 수 있다.

우리가 옷을 고를 때 세련된 옷을 고르는 것처럼 칭찬 또한 세련된 칭찬을 원한다.

세련된 칭찬의 시작이 구체적인 칭찬이다.

(3) 공개적으로 하라!

"비난은 비공개적으로 칭찬은 공개적으로 하라!"

라는 말이 있다.

칭찬은 많은 사람 앞에서 할수록 효과가 크다는 것이다"

사무실이나 매장에서 이 공개적인 칭찬을 시상식이라든지 이벤트와 함께한다면 놀라운 변화를 경험하게 될 것이다.

공개적으로 하라!

칭찬이 행복의 스피커를 타고 더욱 더 멀리 퍼질것이다.

(4) 상황에 맞게 하라!

아무리 좋은 칭찬도 때와 장소와 상대방에 맞추어 하지 않는다면 배부른 상태의 진수성찬처럼 오히려 나에게 고통으로 다가온다.

예를들면 눈이 작은 사람에게 "어머! 눈이 참 시원하게 생기셨어요^^"라고 말하자. 그 사람이 죽일듯이"야! 너 나한테 시원하게 맞아볼래? 내가 니 척추뼈번호 재배열 해줄까?"라며 퍼붓는다.

칭찬에는 상황을 살필 수 있는 레이더가 반드시 필요하다.

(5) 스킨십을 사용하라!

우리는 어렸을 때부터 어머니의 따뜻한 스킨십에 익숙해져 있다.

따라서 칭찬할때 스킨쉽이 더해진다면 그 효과는 더욱 클 수밖에 없다.

물론 과도한 스킨십 특히 이성 간에 무리한 스킨쉽은 불쾌감을 심어 줄 수 있지만 적절한 스킨십은 패션을 빛내는 악세사리처럼 나의 칭찬을 더욱 빛나게 할 것이다.

(6) 자신 있게 하라!

대부분 칭찬을 제대로 하지 못하는 이유는 상대방이 안좋은 반응을 하면 어떻게 하나? 하는 두려움 때문이다.

부산 미용실에 나이는 30대이고 외모는 말그대로 아저씨처럼 생긴 친구가 20대 여성 손님이 계산을 끝내고 나가려고 하자.

"손님 지금 나가시면 햇님이 부끄러워 도망갈 것 같아요"라고

능그럽게 이야기한다. 옆에 직원들은 인상을 구기며 닭살을 긁기 시작하지만 손님은 신기하게도 아무렇지 않은 듯 웃으며 나간다.

두려워 말자! 진심으로 하는 칭찬은 반드시 효과가 있다.

자신있게 멋진 칭찬을 선물하라!

더욱 더 멋있는 선물로 돌아올 것이다.

(7) 칭찬도 학문이다. 끊임없이 연습하라!

일본의 한 은행장은 자신의 직접 만든 칭찬 360가지를 만들어 직원들에게 나눠주고 암기하게 해서 고객에게 사용하게 했다고 한다.

그 결과 위기에 처했던 은행이 1년만에 우량은행으로 재탄생하게

되었다.

칭찬의 중요성은 누구나 알고 있으나 연습하고 노력하는 사람은 거의 없다

영어단어를 가장 쉽게 외우는 방법은 연습뿐이다.

칭찬도 오늘부터 아니 지금부터 연습하고 실행하자!

훈련된 칭찬은 성공과 행복을 잡을 수 있는 튼튼한 올가미이다.

3. 멘토 미팅촉진 Skill 개발법

멘토와 멘제는 주어진 기간 멘토링 활동에서 성공률을 높이기 위하여 미팅 주기를 습관화하는 것이 무엇보다도 중요하다. 특히 각 조직에서 CEO의 결재를 얻어 일정 일시를 [멘토링데이]로 선포하는 것이 더욱 바람직하다(예: 매주 목요일 1시간 등).

그다음에는 주기적으로 미팅시간이 주 1회나 월간 2~3회 등으로 이뤄지게 되는데 이때 미팅시간을 효율적으로 나누기 위하여 아래 내용으로 진행순서를 모델로 정하여 선보인다.

특별히 유의할 것은 미팅 시간이 1시간이 될 수도 있지만 별도 야외친목교제를 나눌 경우는 하루도 될 수 있음을 알아야 한다.

멘토/멘제가 미팅 당일에 당황하거나 부담되지 않게 이 진행 시나리오를 사전에 학습해 두면 크게 도움이 될 것이다.

INDEX

Step 1. Welcoming(환영하기)

새로운 환경 속으로 들어오는 한 사람 멘제를 위해 멘토인 당신이 매번 만남(Meeting)에서 마음의 문을 열고 환영해 줄 수 있는 방법을 찾아라. - Ice Breaking!

Step 2. Counselling(멘제의 질문하기-멘제의 시간)

미팅의 두 번째 단계는 첫 단계에서 상호 간 마음의 문이 열린 상태에서 진행한다. 상담 단계는 그동안 멘제의 질문을 비롯하여 멘토에게 상담할 내용을 멘제가 사전에 준비해서 거리낌 없이 이야기를 나누는 것이다. 바로 동생이 형님한테 자연스럽게 대하는 태도다. 멘토는 우선적으로 경청 자세로 진지한 모습을 보여준다.

Step 3. Teaching(멘토 답변하기-멘토의 시간)

미팅의 세 번째 단계는 두 번째 단계에서 멘토가 경청한 후 답변해주고 상담해주고 그리고 그동안 준비한 업무, 기술, 지적, 주요정보 등을 챙겨서 전한다.

Step 4. Freetalking(미팅소재개발 토론하기)

미팅의 네 번째 단계는 두 번째와 세 번째 단계에서 멘토/멘제가 상호 간 의사소통과 열린 마음 상태로 준비되었으므로 이제 자생력 개발 및 인간성장을 위한 14가지 미팅소재개발을 주제로 목표달성을 위한 토론을 가진다.

Step 5. Coaching(친목교제나누기)

미팅의 네 번째 단계까지는 주로 실내에서 이뤄졌지만 멘토링에서 코칭은 일반적인 업무코칭과 달리 주로 야외에서 상호 간 친목교제를 말한다. 구체적으로 식사, 영화, 오락, 취미, 운동, 등산, 가정방문 등 정서적 분야를 개발하는 시간이다. 1시간 또는 경우에 따라 온종일도 걸릴 수 있다.

Step 6. Skilling(다음 미팅 준비하기)

여섯째 단계는 오늘의 미팅을 마무리하면서 챙겨야 할 사항을 점검하는 단계다. 왜냐하면 다음의 미팅 시간을 알차게 진행하려면 앞으로 한 주간 준비를 잘해야 하기 때문이다. 먼저 4단계 토론단계에서 다음 주 활동 목표 계획서와 5단계에서 야외 친목 활동에서 의논된 것을 챙기면 된다.

Step 7. Ending(종료하기) - 멘토링원리 기본 이해

오늘의 미팅 시간을 해피 엔딩(Happy Ending)으로 장식하는 단계다. 미팅 시간은 물론 조직에서 할애한 시간이지만 멘토의 주관으로 하되 상호 간 자율을 원칙으로 진행된다.

　자율에는 책임이 따르듯이 이미 공인으로서 개인 인격개발 목표와 조직에서 주어진 생산성과 개발목표도 달성하고, 더 중요한 것은 멘토링을 통하여 멘토/멘제 상호 간의 유익이 전제가 되어야 오래 지속할 수 있다.

4장

멘토링 벤치마킹
: 서울대학교

멘토링 제도는 특성상 이벤트성 교육이라기보다는 일정 과정 삶을 나누는 과정중심으로 운영하는 유기적 미팅조직이다. 편의상 12개월 멘토링 컨설팅 기간 동안 투자에 대비 성과를 평가하는 조직개발용 멘토링을 각 조직을 대표하여 정부기관모델-노동부, 대학-서울대학

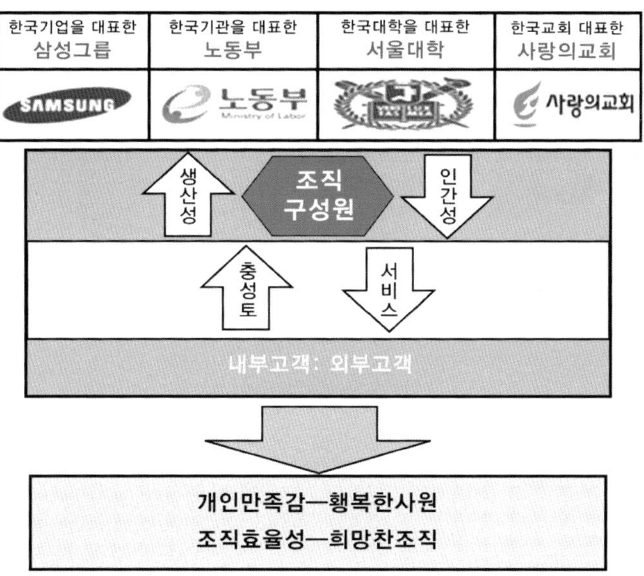

교, 기업모델-삼성그룹, 교회모델-사랑의 교회 등 네 군데를 벤치마킹 대상으로 소개한다. 이번 장에서는 셋째로 한국대학을 대표로 서울대 학교를 소개한다.

1. 한국 대학을 대표한 서울대학교

Seoul National University Mentoring Case Study

요즈음 각 대학마다 두 가지의 어려움을 겪고 있다. 하나는 입학정 원 확보이며 또 하나는 취업률이다. 특히 전문대학은 입학정원 확보 에 어려움으로 많은 대학이 멘토링 기법을 활용하고 있다.

대학에서 취업률은 전쟁이나 다름이 없다. 이러한 상황으로 대학 마다 멘토링을 통해 취업률을 높이고자 한다.

서울대학은 전 정운찬 총장 시절부터 이장무 총장, 그리고 현재 오연천 총장까지 다양한 멘토링을 통하여 교육역량개발과 대외 학습지원에 좋은 성과를 올리고 있다.

1) 인재개발 멘토링

경영대학원(조동성 교수)에서 대학원생의 학업지원을 목적으로 동문 등 외부후원자들과 대학원생들과 1:1로 연결하여 "Big Brothers System(BBS)으로 멘토링을 실시하고 있다.

작년까지만 해도 학비 지원만 했으나 금년부터는(2002년) 직접 도움 주는 사람인 멘토(Big Brother)와 시간을 같이하면서 식사도 나누고 사회경험담, 성공사례, 진로 문제 등 명실공히 멘토와 멘제와의 멘토링 활동을 하고 있다.

2) 학습능력향상 멘토링

서울대 인문대는 학생이 스스로 과제를 선정한 뒤 지도교수를 지정받아 1:1로 공부하는 "독립과제 연구 프로그램"을 도입했다(06년 1학기). 교수가 강좌를 개설하고 학생을 받는 기존 수업 방식과 180도 반대 개념이다.

이번 학기(06년 1학기)에는 5명의 학생이 5명의 교수에게 각각 지도를 받고 있다. 3학점짜리지만 정해진 강의 시간이 없다. 교수와 학생이 이메일 과제와 자료를 주고받으면서 매주 약속시간과 장소를 따로 정해 진도를 체크한다.

3) 학습지원 멘토링

서울대 학생들이 2006년 4월부터 서울 관악구와 동작구 인근의 저소득층 자녀들을 위해 무료 과외 지도에 나섰다. 영어, 수학 등 공부는 물론 연극이나 캠핑도 함께 즐기는 프로그램이다. '대학생 멘토링' 제도가 도입됐다.

이를 위해 교육부와 서울대, 서울시 교육청, 관악구 동작구 등은 지난 2/8일 서울대에서 협약식을 체결했다. 대학생 멘토링은 전국 11개 교대와 40개 사범대로 확대하고, 1년간 시범실시 결과가 좋으면 다른 지역으로 확산될 예정이어서 대학생에게 개인 지도를 받는 학생들이 크게 늘어날 것으로 보인다.

4) 새싹지원 멘토링

(이장무 총장 대담기사-조선일보 2009. 1. 24. 자)

서울대생 3명 중 1명은 앞으로 가정형편이 어려운 초·중·고교생을 매주 1회 돌봐주는 멘토(mentor, 조언자)가 된다.

서울대 이장무(李長茂) 총장은 23일 조선일보와의 인터뷰에서 "교내·외 장학금을 받는 서울대생 1만여 명이 저소득층 학생들과 결연을 맺는 사업을 추진하겠다"라며 "이는 소외되고 가난한 가정의 학생들을 위해 서울대생이 적극 나서겠다는 선언"이라고 말했다.

5) 독서권장 멘토링

서울대생 24명이 전교생 75명인 강원도 정선군 고한고등학교를 찾아 '독서 멘토링'에 나섰다. 서울대 기초교육원이 1학점짜리 사회봉사 과목의 일환으로 이번 학기부터 새로 개설한 교과목 '독서 멘토링: 책으로 친구 되기' 수강생들이다.

강명구(56) 서울대 기초교육원장은 19일 기자와의 통화에서 "우리가 개발한 사회봉사 과목의 목표는 서울대생들이 자기와 전혀 다른 환경에서 자란 사람들을 만나서 대화를 나누고 그 사람들의 필요에 맞는 프로그램을 개발하는 능력을 기르도록 하는 것"이라면서 "학생들이 봉사를 통해 스스로 배울 수 있도록 프로그램을 기획했다"라고 밝혔다.

6) 장애학생지원 멘토링

서울대 장애학생지원센터는 올 2학기부터 대학원생이 장애학생들의 1대1 멘토가 되는 멘토링 제도를 시행한다.

그동안 이동수단 제공 등 생활지원 부분에 한정된 장애학생 지원에서 벗어나 학부학생의 전공, 진로 등에 대한 전문적 멘토링을 위한 것이라고 서울대는 밝혔다.

멘토링분야
1. 이동수단-기본
2. 전공분냐-추가
3. 진로선택-추가

5장

멘토 교육
: Cyber교육

1. 사이버교육과정 안내 Guide

멘토링 사이버육과정은 행정안전부와 멘토링리아에서 공동개발한 프로그램으로, 이 사이버 교육 과정은 On Line과정으로 인터넷상에서 자율 학습하는 과정이다. 특히 멘토 그룹 등 대량인원이 동시에 시간적, 지역적 제한을 벗어나 자유롭게 학습할 수가 있어 최적의 프로그램으로 인정받고 있다. 금번 멘토 대량 인원 양성에 관한 12개월 약정 방법을 안내한다.

1) 사이버 교육과정 개요

① 교육주소: www.cmko.com [멘토링코리아사이버교육]
② 교육대상: 멘토/멘제단체 모니터 추진팀 멘토링 관리자 인사교육담당자
③ 교육시간: 5-10-20Hour
④ 교육기간: 20일간 Open Day

⑤ 교육경비: 100,000원/인당(단체 11명당 1명 DC)

⑥ 교육개강: 매월 1차년 3회-1~10일 2차 11~20일 3차-21~말일

⑦ 효과대상: 멘토 대량 인원 양성교육에 최적의 과정임

* 행정안전부 사이버교육(www.elearning.go.kr)은 수원 지방행정 연
  수원에서 별도 주관

2) 사이버 교육과정 특징

① 대량인원이 동시에 수강이 가능함으로 저비용 고효율이다.

② 시간과 공간의 제한을 벗어나 자율학습(Self Study)이 가능하다.

③ 멘토링 전문가/멘토/멘제의 3인 대역으로 대화식(Talking)강의다.

④ 전국 어디서나 교육 프로그램의 표준화로 강의 품질이 보증 된다.

⑤ 논리적, 감동적,현장 사례중심으로 수강자의 학습 몰입이 가능
  하다.

2. 사이버 멘토링교육 내용 Contents

Contents 멘토링수강교재	관심과정 5H	기본과정 10H	전문과정 20H
1. 멘토링 이해Story	1	2	4
2. 멘토 활동촉진 단계Skill-1	1	2	4
3. 멘토 활동촉진 기술Skill-2	1	2	4
4. 인재개발 게임 Game	1	2	4
5. 운영성공 전략 Strategy	1	2	4
합계	5H	10H	20H

시간조절 Self Control	경청-5H	경청-5H 실습-5H	경청-5H 실습-5H 교재-10H

효과 1. 멘토링 원리와 현장 프로그램에 대한 올바른 이해를 가진다.

효과 2. 멘토/멘제 상호 간 관계 촉진 커뮤니케이션이 원활해진다.

효과 3. 멘토/멘제가 미팅 시 소재개발에 아이디어를 갖게 된다.

효과 4. 멘토십이 개발되어 멘제를 양육하는 데 노하우를 갖게 된다.

효과 5. 멘토는 리더십이 개발되어 조직의 핵심인재로 인정받게 된다.

3. 사이버 멘토링 사례모델 Case Study

1) 류재석 지도강사 자문내용(행정안전부 사이버교육)

① 교재 원고 집필 및 내용수정

② 사이버강의실 학습참고자료 저장

③ Q&A실 질의응답 자문

④ 주간 1~3회 수강자 격려 메일 발송

⑤ 교육수료 평가 문제 집필자문

수강 조직별	교육일정	인원	장소

광주
청소년지도자
(사)빛사랑
청소년회
	3/8～4/8	33	www.cmko.com 사이버교실
			[수료인정]
			  1. 학습 20시간+평가 3시간
			  2. 평가-20문제
			-60% 답변자

전라북도
공무원
	4/12～30	70	전북공무원교육원 사이버교실
			www.elearning.go.kr
			[수료인정]
			  1. 7시간 인정
			  2. 진도 90%
			평가 20문, 60% 답변자

행정 안전부
공무원
	2/4 3/4
	4/1 4/29
		800	지방행정연수원 사이버교실
			www.elearning.go.kr
			[수료인정]
			  1. 7시간 인정
			  2. 진도 90%
			평가 20문 60% 답변자

Part 4

Mentor 전략 Strategy

이번 멘토열풍 사례는 대학생 멘토 프로젝트로서 신문사와 대학교와 사회단체에서 대학생 멘토 활동사례를 소개한다. 특히 멘토 열풍 속에서 성공률을 높이기 위한 전략으로 7Step과 멘토 미팅활동 365 프로젝트로 체계적인 멘토활동 프로그램을 소개한다.

1장

멘토 희망열풍
: 신문사 및 기타

1. 미국 대학생 멘토 시작

1904년 청소년선도 BBS[Big Brothers and Sisters Movement] 멘토는 청소년선도를 위한 멘토링 재단에 정부지원 및 사회 기부금 모금으로 체계적으로 선도에 앞장서서 큰 효과를 거두면서 대학생 멘토 역할이 부쩍 늘어나게 되었다.

[오바마 대통령 BBS(청소년 멘토링) 등 사회참여 활발]

버락 오바마 미국 대통령의 취임 후 흑인 남성들이 '뭔가 해보자'는 의욕에 넘치고 있다. 미국 CNN 인터넷판은 5일 첫 흑인 대통령의 탄생은 흑인 남성들에게 여전히 커다란 희망을 던지고 있다며 지난 1년간 흑인 남성의 사회 참여가 활발해졌다고 전했다.

청소년을 위한 멘토링 프로그램인 '빅 브라더스&빅 시스터스'(BBS)에 흑인 남성이 적극 가입하는 현상이 단적인 예. 미국의 3대 흑인 남성 사교클럽인 오메가 프시 프히($\Omega\Psi\Phi$), 알파 프히 알파($A\Phi A$), 카파 알파 프시($KA\Psi$)는 이미 BBS와 교류 협약을 체결했으며 내달 회의를 통해 더 많은 참가자를 선발할 계획이다.

개별적으로 청소년 결연에 동참한 경우까지 포함하면 지난 1년 사이 흑인 남성의 BBS 신규가입은 앞서 1년보다 800건이나 많았다(서울=연합뉴스).

2. 미국 대학생 멘토 활성화

미국 대학총장 협의에서 대학생에게 멘토장학금을 지불하고 대학생들은 멘토로서 후배 청소년을 위한 학습 및 진로지도를 통해 사회문제청소년 선도에 큰 성과를 거두게 되었다.

미국에서 대학을 중심으로한 멘토링 프로그램이 활성화되어 있는데 이에 기여한 것 중에 하나는 1985년에 창설된 전국 규모의 비영리 조직인 전국대학 총장 사회봉사협의회(Campus Compact)이다. Campus Compact는 멘토링 프로그램을 우선 사업으로 정하고 학교에서 탈락될 위기에 처한 학생을 상대로 5개년 사업을 수행하였다.

또한, Campus Compact는 대학을 거점으로 하는 멘토링 프로그램과 관련된 정보 센터의 역할도 수행하면서 지역 학교 체계, 지역사회조직, 주(州) 정책기관, 고등교육 기관간의 협력을 장려하는 기능을 했다(www.compact.org/resource/mentoring).

3. 한국 대학생 멘토 열기

1) 새싹 청소년개발지원 대학생 멘토

미래국제재단은 서울대학교의 긴밀한 협조와 참여하에 봉사정신과 사명감을 지닌 생활이 어렵지만 우수한 학생들을 선발하여 가난의 대물림을 막고 미래를 짊어지고 나갈 인재로 성장할 수 있는 밑거름을 마련하고자 새싹 멘토링 장학생을 모집합니다.

새싹 멘토링 장학생에 선발된 학생들은 미래국제재단에서 실시하는 멘토링에 참여하여 사회봉사활동에 동참하게 됩니다.

(1) 서울대학교

(이장무 총장 대담기사-조선일보 2009. 1. 24. 자)

멘제: ① 저소득층 자녀 청소년, ② 소외된 청소년

멘토: 서울대생 10,000명(08년 2학기 70명 멘토 연결)

지원: 멘토링 장학금(주 1회 멘토링, S-Oil 김선동 회장 70명에 연간 1,000만 원 장학금제공)

확대: 09년 전교생에 확대 실시

(2) 외국어대학교

미래국제재단, 한국외대에 '새싹멘토링' 봉사기금 기탁(2011. 9. 5. 조선일보)

멘제: ① 저소득층 자녀 청소년, ② 소외된 청소년

멘토: 외대생 10,000명(08년 2학기 70명 멘토 연결)

지원: 멘토-장학금 연간 600만~800만 원

멘제-보조금 연간 36만 원

제공: 미래국제재단(김선동 회장) 미래우학재단-20억 원

(3) 강원대학교

강원대학교(총장 권영중)는 미래국제재단(이사장 김선동)과 공동으로 저소득층 중·고등학생들의 학업 지원을 위한 '새싹 멘토링 장학사업'을 운영한다고 18일 밝혔다.

'새싹 학습지도 프로그램'은 학업 성적이 우수한 대학생이 직접 저소득층 가정 학생의 멘토로 나서 학습활동을 지원하는 프로그램이다.

강원대는 지난달 미래국제재단으로부터 기탁받은 3억 원의 발전기금을 토대로 이번 달부터 도내 중·고등학교의 추천 등을 통해 멘토링을 받을 대상 학생을 발굴하기로 했다.

2) 장애자 청소년 지원 대학생 멘토

(1) 서울대학교

멘제: 장애학생

멘토: 서울대생

방법: 이동수단에 전공/진로분야 추가

서울대 장애학생지원센터는 올 2학기부터 대학원생이 장애학생들의 1대1 멘토가 되는 멘토링 제도를 시행한다. 그동안 이동수단 제공 등 생활지원 부분에 한정된 장애학생 지원에서 벗어나 학부 학생의 전공, 진로 등에 대한 전문적 멘토링을 위한 것이라고 서울대

는 밝혔다.

　①이동수단: 기본, ② 전공분야: 추가, ③ 진로선택: 추가

3) 농어촌청소년 독서지원 대학생 멘토

(1) 서울대학교

(감명구 교수-서울대 기초교육원장 2009. 3. 20. 조선일보)

멘제: 지방 중고생

멘토: 서울대 24명

목적: 대학생 사회 봉사학점 1점

방법: 선정도서를 중고생에게 토요일에 멘토링 수행

4) 저소득층 가족학생지원 대학생 멘토

(1) 서울대 사범대학

멘제: 저소득자 자녀 1,000명(관악구, 동작구)

멘토: 사범대 300명(06. 4.)

기간: 1년간

확대: 2007년부터 전국 11개교 대학 그 후 40개 사범대에 확대예정

방법: 주 2회 회당 2시간

지원: 시간당 2만 원, 월 32만 원, 학점 1학점

내용: 학습지도, 진로지도, 취미(만화, 애니메이션, 가야금, 바이올린,
　　　풍악 놀이), 캠핑, 등산, 답사, 연극, 영화

5) 병원 환자 독서지원 대학생 멘토

(1) 조선대학교 독서클럽

조선대학교 대학생 독서멘토링은 기존에 독서역량을 축적해 온 학생들이 사회봉사의 개념으로 독서를 매개로 병원환자를 대상으로 책 읽어주는 프로그램이다.

멘토: 조선대 독서토론클럽 활동학생 중 신청자(57명)

멘제: 조선대 병원 입원 환자 중 신청자

(접수 중: 유아, 아동, 청소년, 성인, 노년층 망라)

활동일: 2010. 9월 초~2011. 2월 말(5개월)

활동내용: 좋은 책 읽어주기와 좋은 책 소개해 주기

활동횟수: 주 2회(평균 2시간)

4. 신문사에서 지원하는 대학생 멘토

1) 조선일보-맛공(맛있는 공부)

"멘토와의 만남으로 성적 4등이나 올랐어요" [중·고교생에게 꿈

과 목표를]

멘토 노준수 군(고려대), 멘제 이상진 군(서울 상봉중)

2) 중앙일보-공신(공부의 신)

　　대학생 멘토 선생님들 진안 산골에 가다. 24일 전북 진안군 안천학교에 중앙일보 '공부의 신 프로젝트' 멘토로 나선 전남대생 송태식(앞줄 왼쪽 세 번째)·임태규(뒷줄 오른쪽 두 번째) 씨가 찾아갔다. 안천학교 학생들은 "공부법을 알려주는 대학생 형·누나가 생긴다니 기쁘다"라며 좋아했다.

3) 매일경제-달공(공부의 달인)

　　"2010 겨울방학 자기주도학습 공부달인 멘토링 캠프"에 참여하는 공신닷컴의 한예은, 황재호, 박미화, 강성태, 남혁진 씨(왼쪽부터).

5. 사회재단에서 지원하는 대학생 멘토

1) 미래국제재단(김선동 회장)

　　미래국제재단, 한국외대에 '새싹멘토링' 봉사기금 기탁(2011. 9. 5. 조선일보)

　　멘제: ① 저소득층 자녀 청소년, ② 소외된 청소년

　　멘토: 외대생 10,000명(08년 2학기 70명 멘토 연결)

　　지원: 멘토-장학금 연간 600만~800만 원

　　　　　멘제-보조금 연간 36만 원

　　제공: 미래국제재단 미래우학재단-20억 원

2) 서울시립청소년미디어센터

　　정보기술(IT) 서비스기업 LG CNS가 2011년 제4회 'LG CNS IT드림프로젝트'를 열고 고등학생 연령 참가자 20명을 모집한다. 'LG CNS IT드림프로젝트'는 IT전문가를 꿈꾸고 있으나 가정형편이 어려운 청소년들을 돕기 위해 LG CNS가 지난 2008년부터 매년 개최하는 행사다. 서울시립청소년미디어센터가 주관하고 사회복지공동 모금회가 후원한다. [뉴스토마토]

3) 아름다운 배움(대표 고원형)

멘토링을 통해 청소년들에겍는 자아발견의 기회를, 대학생들에게는 함께 나누는 배움을 실현할 기회를 제공합니다. 두드림(Do Dream), 장돌뱅이, 너랑나랑, 어울림 멘토링 등을 운영한다.

멘토링을 통해 청소년들에게는 자아발견의 기회를, 대학생들에게는 함께 나누는 배움을 실현할 기회를 제공합니다. 두드림(Do Dream), 장돌뱅이, 너랑 나랑, 어울림 멘토링 등을 운영한다.

멘토링 대상:
① 가정형편이 어려운 학생
② 공교육에서 제대로 포용

멘토링 방법:
① 학습지원
② 독서지원
③ 진로지원

2장

멘토 모델
: 개인/조직

개인모델 1. 저명인사 영역

저명인사 영역은 후배와 저명인사를 멘토로 연결하는 인격활동이다.

저명인사 멘토링은 국내외 역사 속에서 유명한 인물로 가끔 드라마의 주인공으로 등장하기도 한다.

특히 무명의 멘제가 저명한 인사를 멘토로 맞이하여 멘토보다 나중에 더 훌륭한 리더로 성장하는 것이 특징이다. 멘토링의 선순환 인재개발의 정석코스라고 볼 수 있다.

국내 드라마 중에서 이순신 장군은 류성룡을 만나, 동의보감 명의 허준은 유의태를 만나, 의주거부 임상옥은 홍득주를 만나, 민속화가 신윤복은 김홍도를 만나 이들의 공통점은 탁월한 멘토를 만나 당대 최고의 인간 스타인 저명인사로 명성을 날렸다.

링컨 대통령이 멘토로 초고교사 그레이엄을 만나, 삼성그룹 이건희 회장이 고바야시 멘토를 만나, 나눔의 천사인 빌 게이츠는 워런 버핏을 만나 유익한 멘토링 활동에서 삶의 가치를 더욱 높이는 계기를 만들었다.

조직모델 2. 교회영역

교회영역은 평신도들과 교육자 간의 인격활동이다.

교회 멘토링 활동은 기타 조직보다도 [영혼에 관한 깊은 통찰력]으 로 전인적인 차원에서 가장 밀도 있는 멘토링 활동이 이루어질 수 있 는 영역이다.

교회 멘토링은 성경에서 그 모범적인 사례로 모세와 여호수아, 다 윗과 요나단, 엘리야와 엘리사, 룻과 나오미, 에스더와 모르드개로 이 어지며 신약에서 대표적인 바울과 바나바로 멘토링 인격활동이 이어 진다.

다윗과 요나단의 우정 멘토링

Step1. 우정단계-요나단은 적장을 물리친 다윗에게 호감을 갖고 다윗이 불레셋 적장 골리앗을 비무장 상태로 물리친 후부터 사울 왕의 맏아들 요나단은 사울 왕의 후계자였음에도 불구하고 놀랍게도 다윗에게 호감을 갖고 헌신적인 우정을 보였다(삼상 20:31).

Step2. 인격단계-서로 간 신뢰와 존경으로 한마음을 갖고

다윗이 요나단의 아버지 사울의 부름으로 궁궐에 출입하게 되면서 둘은 깊은 우정을 쌓아갔다. 나중에 사울이 다윗을 질투하여 죽이려 하자 그 뜻을 요나단이 알고 다윗을 위험에서 구해주기까지 했다. 요나단은 왕자였지만 그 자리에 대한 욕심보다 다윗을 아끼고 인격적으로 상호 간 신뢰와 존경하는 한마음이 되었다.

Step3 사명단계-서로 간 생명과 왕권을 귀하게 여기고

요나단은 자기 아버지가 다윗을 증오한다는 것을 알게 되었을 때 친구를 두둔하였다(심상 19:1-7).

요나단은 십황무지에서 다윗이 장차 왕이 되겠다는 약속을 했다(삼상 23:15~18). 결국 다윗은 이스라엘 2대 왕이 되었다.

[다윗과 요나단의 멘토링효과(Result)]

1. 왕권전수-이스라엘 2대 왕위를 승계하다.

2. 성군다윗-이스라엘에서 성군으로 추앙받다.

3. 므비보셋-요나단의 불구아들을 왕자처럼 여겼다.

3장

멘토 교실(Study)
: 멘토전략 - 7Step

Step 1. 선정(Selecting)

1. 선정기준

   1) 멘토로서 가장 적절한 덕목이 무엇인지를 각 조직의 문화 등을 고려하여 선정한다.

   2) 멘토의 자격 기준은 일반자격/업무(전문)자격으로 구분하여 기준을 설정한다.

   Attributes/Antecedents/직책/전문분야/기타특성 등

[기능별 기준]

1) Best Mentor:

그룹별로 1명을 선정하여 벤치마킹 대상으로 추대하고 경영자 역량개발 교육 시 베스트 멘토 강사로 추대한다.

2) Gold Mentor:

단위 조직별로 상위직에서부터 1/10 인원을 선정하여 멘제와 1:1로 연결하고 12개월 멘토링 활동에 참여한다.

3) Combi Mentor:

멘토링 Project 활동에서 멘제 인원에 맞게 선정하여 12개월 활동에 참여한다.

2. 선정 방법

1) 멘토 선발 특성

① Aged(나이) - 이왕이면 나이가 든 사람이 좋다.

② Carreered(경력) - 이왕이면 경력이 많은 사람이 좋다.

③ Knowhowed(노하우) - 이왕이면 노하우를 가지고 있는 사람이 좋다.

④ Leadershiped(리더십) - 이왕이면 리더십을 갖춘 사람이 좋다.

⑤ Personalityed(인격) - 이왕이면 인격을 갖춘 사람이 좋다.

2) 멘토 선발자질

① 멘토는 한 개인을 지원하고 그 사람의 성장에 관여하는 사람이다. 구체적으로 멘제의 인간가치를 업그레이드시키는 사람이다.

② 멘토는 상급자로서가 아닌 한 사람으로서 멘제 개인을 염려한다.

③ 멘토는 멘제 한 개인의 업무만이 아닌, 전인적으로 삶의 전반적인 발전을 돕는다.

④ 멘토는 권한이나 권력을 기반으로 하는 관계가 아닌, 특수 관

계를 멘제와 맺는다. 멘토는 멘제의 말을 경청하고 질문을 받고 나서야 조언을 한다. 개인적인 판단이나 비난을 배제한 뒤 멘토의 조언이 이루어질 것이다.

⑤ 멘토는 무엇보다도 인간관계에 초점을 맞춘다. 멘토가 멘제와 맺은 관계에는 어떠한 사적인 이권이나 멘제에 대한 위기적인 사항도 있어서는 안 된다. 멘제 개인의 발전을 바라며, 애초에 멘제의 편에서 관계가 시작되기 때문이다.

⑥ 멘토는 신뢰받는 친구이자 선생님이며 안내자이고 역할 모델이다. 멘토는 멘제에게 전달하고자 미리 준비된 지식을 소유하고 있는 전문가이거나, 적어도 자신의 분야에서는 어느 정도 지위에 오른 사람이고, 주변 동료들에 의해서도 그렇게 인정받는 사람이다.

⑦ 멘토는 본래 멘제의 특성과 잠재력을 개발하며, 경쟁이 아니라 도와주는 존재다. 멘토는 인내심을 가지고 자신을 돌보는 멘제에게 도전하도록 권하며, 나름의 견해를 가지고 열의를 보여준다. 또한 미래에 대한 포부를 가지고 있으면서도 현재의 명확한 초점을 유지한다.

⑧ 멘토는 자신이 선택한 직장과 고용관계, 공적인 거래, 또는 직업에 대한 소명의식을 가지고, 직장을 사랑한다. 동시에 직장의 취약점을 인정하고 멘제가 그 취약점에 대치할 수 있게 건설적으로 도와준다.

3) 멘토 선발 방법

① 지원제 – 본인이 지원하고 멘토 추천위원에서 심의하여 선정

하는 방법으로 가장 좋은 방법이다.

② 추천제 - 부서원이나 부서장이 추천하여 심사를 거쳐 결정하는 방법이다. 가능한 부서원의 무기명 투표로 결정하는 방법이 부서장이 직접 추천하는 것보다는 효과적이다.

③ 임명제 - 1항과 2항으로 선발이 어려울 때 가장 비효율적인 방법으로 문서 임명으로 선발하는 것이다. 이는 타의에 의한 방법이므로 가능한 피하는 것이 좋다.

위 3개 항목으로 선발되는 과정에서 특히 추천위원에서는 회사 인사평사자료를 참작하여 가장 우수한 직원을 멘토로 최종 선발하는 것을 잊지 말아야 한다.

4) 멘토 선정 체크리스트

① 리더십을 발휘할 수 있는 자신이 있는가?

② 사람중심(VS 업무중심)의 행동 형태인가?

③ 경청과 지도 모두 가능한가?

④ 직장 내 조직에 관한 지식과 경험이 있는가?

⑤ 조직 내에서 리더 경험이 있는가?(자치회임원, 동아리운영자, 팀장 등)

⑥ 멘제와 다른 분야에서 성공경험이 있는가?

⑦ 조직 밖에서도 발이 넓고 칭찬의 대상이 되는가?

⑧ 자신의 전문 업무 외에서도 성장을 지원할 생각이 있는가?

⑨ 팀워크를 다져 업무를 수행할 수 있는가?

⑩ 위험하다고 생각될 때 인내력을 발휘해서 지켜보는 도량이

있는가?

Step 2. 교육(Education)

1. 멘토로 등록된 사람들을 각 단계별로 교육, 훈련 프로그램에 참
   여시켜 인재개발 전문 멘토로 개발한다.
2. 멘토의 교육, 훈련은 멘토로서의 자질, 소양, 자세, 전문분야를
   주제로 관련 교육(멘토링 원리, 멘토의 역할, 멘토리더십, 멘토/
   멘제 기술, 인재개발 게임, 사례연구 등)에 대하여 철저히 실시
   한다.

멘토과정	세부과정	시간	비 고
전문과정	멘토 정규과정	20	멘토 프로그램 전문인력양성과정으로 멘토 모니
	핵심 멘토과정	40	터 코디네이터 등 참석
자격과정	자격 멘토과정	강사 60 컨설틴트 80	멘토링지도사 자격과정
개시과정	Workshop 과정	4~20	멘토/멘제 합동
특강과정	리더십 과정	2~4	CEO 및 간부급 멘토를 위한 특강 과정
	Cyber 교육과정	10	임직원 멘토를 단체로 교육 참여 가능

Step 3. 연결(Matching)

멘토링 관계의 상호 간은 멘토와 멘제다. 많은 사람이 멘토링을 1:1
이 전부인 양 생각하나 그것은 선입견이다. 멘토링의 가장 올바른 관

계형태는 멘제 1에 멘토가 다수(전문별로 멘토 1, 멘토 2, 멘토 3…)로 도움을 주는 형태다.

바로 왕자 한 사람을 왕사(王師) 여러 사람이 도움을 주는 형태가 멘토링 관계에서 가장 올바른 형태이기 때문이다.

1. Off Line 연결방법

멘토와 멘제가 멘토링 활동 개시 전 Workshop 현장에서 성격검사를 한 후 결과에 따라 동일성격, 보완성격, 대조성격 순서로 연결한다.

2. On Line 연결방법

단위 조직의 전산시스템의 온라인상에 멘토풀 리스트를 참고하여 멘제가 멘토를 선정하는 방법이다. 멘제가 자기에 해당하는 사항(Factor)을 체크 표시하면 멘토와 최적으로 온라인에서 연결시켜 주는 방법이다. 문제가 발생 시 Off Line에서 모니터의 지원을 받아 해결한다.

관계형태 1-멘제 1-멘토 다수-고품질의 멘토링(High Quality)
관계형태 2-멘제 1-멘토 1-일반적인 멘토링
관계형태 3-멘토 1-다수 멘제-저품질(Low Quality) 유사멘토링-코칭 cell 소그룹 형태

Step 4. 활동(Activating)

1. Off Line에서 활동

멘토링 활동은 12개월 동안 멘토와 멘제가 1:1로 1주에 한 번이나

1달에 몇 번 등 주기적으로 미팅하여 멘토링 활동하는 방법이다. 이 방법은 적은 인원에서 가능하며 멘토링 활동의 최적의 면 대 면(Face to Face) 방법이다.

2. On Line에서 활동방법:

전산시스템에 의해서 대량 인원(1,000명 이상 대학, 대형 교회, 그룹기업 등)이나, 시간적, 장소적, 관리적인 제한을 벗어 멘토와 멘제가 온라인상에서 이메일, 채팅, 영상화면 등으로 활동하는 것을 말한다. 이 방법은 충분한 만족에는 한계가 있으므로 모니터의 수시 Off Line 대응이 필요하다. 단위 조직에서는 초기 설비 및 시스템 투자를 해야 하지만 5년 이상 장기적인 안목에서는 결국 저비용 고효율의 생산성 효과를 얻을 수 있는 방법이다.

3. 활동기간

1) 멘토/멘제의 활동기간을 6개월, 12개월, 24개월 등으로 명시한다.
2) 멘토/멘제의 주간 미팅 등 개인 활동에 관한 프로그램을 제공한다.
3) 멘토/멘제가 전원이 활동하는 그룹에 특별 프로그램을 제공한다.

Step 5. 관리(Monitoring)

멘토링 활동 중에 발생할 수 있는 문제점을(파벌조장, 노사대립 등) 사전에 방지하는 차원에서 모니터링(Monitoring) 시스템으로 체계 있게 관리해야 한다.

1. 모니터의 관리:

모니터는 1) 수시로 목표관리가 되는가, 2) 상호 간 문제는 없는가, 3) 요구사항은 무엇인가? 등 Off Line상에서 활동 촉진지원을 한다.

2. 전문업체의 관리:

멘토링 프로젝트를 컨설팅 차원에서 지원하는 것으로 매월, 계간, 활동 종료 등 3단계로 활동을 점검하고 지원하고 목표관리를 체크하는 방법이다. 이 방법은 성공률을 높이는 가장 효과적인 방법이지만 비용이 뒤따른다. 대응방법으로 단위 조직에서 사내 강사요원이나 컨설턴트를 양성하여 사외 전문업체 대신 수행하면 큰 비용을 절감할 수도 있다.

3. 시스템의 관리:

전산 시스템에서 12개월 관리하는 방법으로 선정, 연결은 물론 활동과정에서도 현재 멘토와 멘제가 목표관리를 잘하고 있는가? 역량 개발이 잘 이루어지는가? 불평여건으로 미팅 중단상태인가? 등을 자세히 점검하여 모니터가 대응책을 마련할 수 있도록 한다.

Step 6. 지원(Motivating)

멘토활동을 지원하는 것은 조직에서 멘토의 자생력 개발과 목표달성 촉진 차원에서 지원한다.

멘토링은 정규 업무를 수행하면 멘토링이라는 특수업무를 다루기 때문에 동기부여가 필수적이다. 동기부여방법은 물리적, 정신적 그리고 업무적 차원에서 지원해주는 방법이 있다.

1. 제도적 차원 지원: 멘토로 선정되면 Mentor Pool에서 체계적으로 관리해준다. 특히 멘토 각 그룹별로 특성에 맞는 정규교육 과정에 필수적으로 참여토록 지원한다.

2. 업무적 차원 지원: 멘토에게 멘토링 활동에 관한 올바른 목표를 설정해 주어 책임의식과 목표 의식을 고취해 주고, 두루뭉술한 멘토링이 되지 않도록 해야 한다. 다음의 평가와 직결된다.

3. 인사적 차원 지원: 멘토링 활동 자체가 이중 업무가 되므로 멘토링 결과에 따라 인사평가, 연봉책정, 진급심사 등에서 가점(加點)을 주어 지원해준다.

4. 할동적 차원 지원: 멘토와 멘제의 교육지원, 자유롭게 활동할 수 있도록 월간 활동비지원, 멘토링 데이 선정고시 그랜드 미팅 때 CEO 격려 참석 등으로 지원해준다.

5. 포상적 지원: 멘토링 최종결과 발표 때 우수 멘토링 쌍 선정, 우수 멘토 선정, 우수 수기 제출자 선정 등으로 포상한다.

6. 인증적 차원 지원: 멘토의 공훈을 참작하여 멘토링 활동이 종료 후 일정한 방식으로 교육수강, 활동기간, 포상 등을 감안하여 CEO 명으로 인증서를 수여하고 특히 사내 핵심 인재개발 대상자로 격려해주도록 한다.

Step 7. 평가(Checking)

멘토링 평가는 개인 및 그룹평가 그리고 정량평가와 정성평가로 구분하여 평가할 수 있다. 특히 평가 시 유의사항은 멘토와 멘제는 정규업무를 다루면서 특수업무로 멘토링을 다루므로 평가의 원칙 중 상벌이 따르는 것보다는 포상차원에서 다루어야 형평성에 어긋나지 않는다.

[평가 기준 참고]

어떤 경영 기법일지라도 조직의 양적·질적으로 성과와 연결하지 못한다면 채택 및 유지될 수 없는 것이다.

조직의 효과성을 위하여 만든 프로그램이 바로 정량과 정성 평가 목표율이며 이 기법을 적용하면 멘토링 추진팀이나 멘토 등 활동에 참여자 모두가 강한 책임의식을 갖게 된다.

그러므로 멘토링 활동이 끝난 후에는 반드시 목표율에 의한 실적평가가 나타나므로 각 조직의 CEO는 한눈에 업무 생산성 효과를 점검할 수 있어야 한다.

부록 1: 멘토활동 평가기준

정성평가-비경제성 평가 Humanity-인간성	평가율 kind	정량평가-경제성 평가 Productivity-생산성
*멘토링 4가지 만족도 평가 1. 멘토링 교육 만족도 2. 멘토링 관계 만족도 3. 멘토링 활동 만족도 4. 조직 만족도	1. 유지율 2. 정착율 3. 정착률 4. 성과율 5. 숙달률 6. 회수율(ROI)	최종 쌍수/당초 쌍수×100 정착 신입원/당초 신입원 확보인재 수/목표인재 수 최종 성과율/당초 성과율 최종 숙달률/당초 숙달률 총회수액/총투자액
*개인-PDI 상승률 평가 *조직-HRI 상승률 평가 *멘토-자생력 상승률 평가 *멘제-업무 조기숙달률 평가		

4장

멘토 벤치마킹

: 사랑의 교회

멘토링 제도는 특성상 이벤트성 교육이라기보다는 일정과정 삶을 나누는 과정 중심으로 운영하는 유기적 미팅조직이다. 편의상 12개월 멘토링 컨설팅 기간 동안 투자 대비 성과를 평가하는 조직개발용 멘토링을 각 조직을 대표하여 정부기관모델-노동부, 대학-서울대학, 기

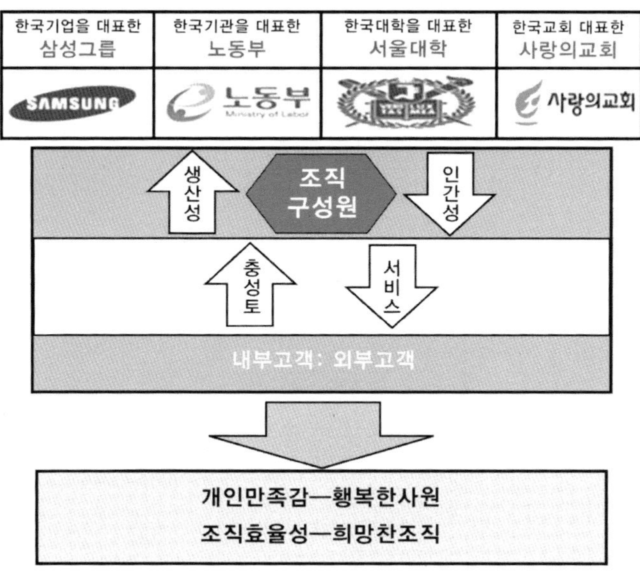

업모델-삼성그룹, 교회모델-사랑의 교회 등 4군데를 벤치마킹 대상으로 소개한다. 이번 장에서는 넷째로 한국교회를 대표로 사랑의 교회를 소개한다.

1. 잡음 없는 세대 교체

요즈음 한국교회 롤 모델(Role Model)로 인정받고 있는 사랑의 교회가 멘토링 방식으로 후계자 선정을 모범적으로 완료하여 교계 내외에서 화두(話頭)가 되고 있다.

여기에 주인공으로 환상의 콤비를 이룬 당시 원로 옥한흠 목사와 시무 오정현 목사에 관하여 멘토링 차원에서 성공적인 후계승계 내용을 월간 조선을 참고로 하여 살펴보기로 하겠다.

玉漢欽 원로목사

『사랑의 교회는 후임이 와서 어지간히 잘해도 광이 안 나요. 그 중압감을 이해 못 합니다. 저 사람이 마음껏 역량을 펴도록 내가 조금 비켜주자고 판단한 거죠.』

吳正賢 담임목사

『간섭하고 말고, 그런 걸 따지는 게 우습죠. 저의 제일 큰 원군이 玉 목사님입니다. 玉 목사님이나 저나 본질에 충실하면서 교회의 유익이 뭔가를 늘 생각합니다.』

「사랑의교회」玉漢欽(옥한음, 70) 원로목사는 2003년 정년퇴임을 5년 앞두고 미국 「남가주 사랑의 교회」吳正賢(오정현, 52) 담임목사를 후임으로 선택했다. 3만여 명의 신자들이 출석하는 교회를 아무런 연고가 없는 후배 목사에게 물려준 것이다.

몇몇 대형 교회 목사들이 아들에게 교회를 물려주고, 전임 목사와 후임 목사의 갈등으로 교회가 분열되는 일이 잦다. 「안티 기독교 시민단체」가 출범할 정도로 교회의 「권력승계」를 바라보는 눈이 곱지 않다.

父子(부자)세습 교회는 교계 안에서 영향력을 상실했고, 세대 교체 과정에서 홍역을 치른 교회는 교세가 약화됐다. 사랑의 교회는 대형 교회 가운데 유일하게 잡음 없이 세대교체를 이룬 것으로 평가된다.

玉漢欽 목사가 교회를 물려준 그해부터 매년 8,000여 명의 새 신자가 몰려들어 2007년 11월 25일 현재 교회 등록신자가 7만 4,753명에 이르렀다. 사랑의 교회는 대한 예수교 장로회 합동 측 교회 중 교세가 가장 크다.

－많은 교회가 전임 목사와 후임 목사의 갈등으로 세대교체에 실패했습니다. 전임인 玉漢欽 원로목사의 교회 內 영향력은 어느 정도입니까.

『2003년 9월에 공동목회를 시작하고 그해 12월에 제가 2代 담임목사로 부임했습니다. 9월에 공동목회를 시작하면서 바로 특별새벽부흥회를 인도했습니다. 정식 부임하기 전에 玉목사님은 저에게 설교를 100% 위임하고 아무런 간섭을 하지 않았습니다. 우리 차원에서 간섭하고 말고, 그런 걸 따지는 게 우습죠. 저의 제일 큰 원군이 玉 목사님입니다. 玉 목사님이나 저나 본질에 충실하면서 교회의 유익이 뭔가를 늘 생각합니다.』

吳正賢 목사는 「시사저널」(2007년 10월 30일 자)이 전문가 1,000명을 대상으로 조사한 설문조사에서 「가장 영향력 있는 종교인」 9위에 올랐다. 개신교 지도자 중에는 趙鏞基(조용기), 玉漢欽, 金鎭洪(김진홍) 목사에 이어 4위이다. 趙鏞基 목사와 金鎭洪 목사도 은퇴를 앞두고 있으니 차세대 목사 중 吳正賢 목사가 영향력 1위를 기록한 것이다.

―「차세대 지도자」라는 호칭에 대해 어떻게 생각하십니까.
『차 한 대밖에 없는데(웃음). 일 세대가 가진 강점과 다음 세대가 가진 강점을 잘 연결하라는 질책의 소리라고 생각합니다. 한국교회가 가진 열정과 헌신과 전적인 위탁의 요소와 다음 세대의 세계화와 합리성, 인터넷과 IT를 잘 연결하여 「다리」 역할을 하라는 의미로 받아들이겠습니다. 이 시대의 다리가 되어 내 위로 다음 세대가 걸어와야 합니다.』

2. 30년간 이어온 멘토링 관계

두 사람의 인연은 1978년으로 거슬러 올라간다.
吳正賢 목사는 당시 서울 종로 내수동교회 대학부 간사로 일하고 있었다.

吳正賢 간사는 미국유학을 막 마치고 돌아온 玉漢欽 목사를 대학부 여름수련회 강사로 초청했다. 玉 목사는 유학가기 전 서울 성도교회에서 1명으로 시작한 대학부를 3년만에 350명으로 부흥시켰다. 玉 목사는 교회 개척을 준비하고 있었다.

玉 목사는 교회 개척을 준비하고 있었지만 젊은이 들의 요청에 기꺼이 응했다. 답례로 吳正賢 간사는 玉 목사가 신자 9명으로 문을 연 개척교회에 내수동교회 대학부 46명과 함께 참석했다.

玉 목사는 매년 내수동교회 대학부에 가서 설교를 하며 吳正賢 목사와 인연을 쌓았다. 吳正賢 간사는 1982년에 미국 유학을 떠나 목사 안수를 받고 1987년에 일시 귀국했다. 6개월간 서울 사랑의교회에서 협동목사로 일하면서 玉漢欽 목사로부터 목회 실습을 받았다.

吳 목사는 1988년 2월 7일 미국 로스앤젤레스(LA)의 한 피아노 가게에서 교인 12명과 함께 창립예배를 가졌다. 그리고 나서 한 달 후 놀웍의 그레이스 형제 교회를 빌려 목회를 시작했다. 첫해 12월 마지막 주에 성인 104명이 출석했다.

서울 사랑의 교회에서는 교회 창립 9주년 기념으로 吳正賢 목사의 개척교회에 도움을 주고 교회 이름을 사용하도록 허락했다. 吳正賢 목사는 교회 이름을 「남가주 사랑의 교회」로 명명하고 玉 목사에게서 전수한 제자훈련을 목회에 적용했다.

3. 玉漢欽 목사가 吳正賢을 주목한 이유

玉漢欽 목사는 吳正賢 목사를 주목하게 된 세미나에 참석한 목사님이 100명이 넘었어요.
미국의 내로라하는 교회들이 다 제자훈련을 시작했지요. 하지만 대개 1~2년 만에 손을 들어 버렸습니다.
「교포교회는 제자훈련이 어렵겠구나」 체념하고 있었는데, 吳正賢 목사제자훈련을 해냈습니다.』

제자훈련이란, 「평신도를 주님의 제자로 만든다」는 취지 아래 玉漢欽 목사가 사랑의 교회창립 초창기부터 실시한 강도 높은 평신도 훈련 프로그램이다. 지금까지 사랑의 교회는 목사에 버금가는 실력을 갖춘 평신도 순장 3,000명을 배출했다.

吳正賢 목사는 남가주 사랑의 교회 초기부터 제자훈련을 실시해 교회를 개척한 지 7년이 지난 후부터 미국에서 제자훈련 세미나를 시작했다. 교회의 모든 수치를 공개하여 교재로 삼기 때문에 지속적인 성장이 이뤄져야만 제자훈련을 실시할 수 있다.

吳正賢 목사가 한국으로 오기 직전인 2003년 남가주 사랑의 교회는 미국 40여만 개 교회 중 100위 안에 진입했다. 全세계 4,000여 개 이민교회 중 모든 면에서 1위를 기록했다. 1999년 미화 1,500만 달러(당시 환율로 190억 원)를 들여 로스앤젤레스 인근 애너하임市에 건축한 남가주 사랑의 교회를 미국사회에서 「미러클 콤플렉스」(기적의 복합건물)로 불렀다.

玉漢欽 목사는 『그런 교회를 이룬다는 것이 보통 능력이 아니다. 그

런 것들이 吳 목사를 주목하게 만들었다』고 말했다.

16년 동안 목회하여 완전히 뿌리 내린 교회를 두고 서울 사랑의 교회로 올 때 고민이 많았을 것 같습니다.

『내 일생에 가장 중요한 결정 중의 하나였어요. 「남가주 사랑의 교회가 우리만의 섬이 되어서는 안 된다. 미국 주류사회에 영향을 미쳐야 한다」는 취지에서 이민 1세대인 저보다 1.5세대가 맡는 게 나을 것 같았습니다.

현재 우리 교회 청년·대학부 신도가 1만 5,000명입니다. 玉 목사님은 「교회 역사가 깊어 가고 목회자의 나이가 들어도 교회는 젊어야 한다」는 차원에서 일찍 은퇴하기로 결심하셨습니다.』

吳正賢 목사는 자신의 한국行에 대해 미국 동료목사들이『대한민국 설교 최강자인 玉 목사님 교회에 가게 되다니, 삼가 조의를 표한다』는 조크를 했다고 한다.

吳正賢 목사는 귀국하자마자 경상남도 김해시 생림면에 있는 무척산 기도원으로 향했다.
『열일곱 살 때 큰 감동을 받은 기도원입니다. 그때는 바위가 반질반질할 정도로 사람들이 많이 찾던 곳인데, 이제 인걸은 간데없고 잡풀만 무성하더군요. 워낙 산이 험해서 두 시간을 걸어 올라가야 하는 곳입니다. 곰팡이가 난 비닐 장판 위에서 일주일간 금식기도하면서 내 인생의 기름기를 다 뺐습니다.』

사랑의 교회에 온 첫날 4시 새벽기도회를 인도했는데 일주일 동안 사람들이 물밀듯이 밀려왔다. 매일 새벽 6,000~1만 명의 교인이 몰려들었다. 2,200석인 본당에 들어가기 위해 밤 12시부터 줄을 설정도로 열기가 뜨거웠다.

못 목사는 계획에 없던 40일 특별새벽부흥회를 하기로 결심했다.
못 목사는 이미 미국에서 특별새벽기도회(특새)를 열어, 이민교회에 특새를 퍼프린 주인공이다. 새벽에 자동차가 줄줄이 교회에 들어서자 사고가 난 줄 알고 미국 경찰이 출동하는 사태가 벌어졌었다.

강남 한복판이 새벽에 북적이자 「영어 쓰면서 프랑스 요리처럼 고급스러운 목회를 할 줄 알았는데 한국적인 새벽기도를 하면서 된장찌개 같은 목회를 한다」라는 평가가 흘러나왔다. 새벽 4시에 시작한 새벽기도회를 오전 7시까지 무려 3시간씩 이어 갔다.

『교인들이 새 담임목사를 47일 동안 매일 세 시간씩 본 거죠. 그러니 3년 사역한 것과 똑같은 효과가 났어요. 영적 지각변동이 일어나기 시작했습니다.』

181cm의 훤칠한 키에 귀족적인 풍모를 지닌 재미교포 출신 목사가 세련되게 목회를 시작할 것으로 예상했던 교인들은 예상치 못한 신임목사의 행보에 차츰 감동하기 시작했다.

『제가 매일 새벽에 영적 야성과 믿음의 전성기를 부르짖자 권사님들이 「우리가 사랑하고 용납하지 않으면 새로 온 목사님이 돌아가시겠다.」라며 걱정했답니다.』

2003년 10월, 한 주일에 2,000명의 교인이 늘어나는 기적이 일어났다. 할 수 없이 다섯 번이던 일요일 예배를 여섯 번으로 늘렸다.

2007년 12월 2일, 3부 예배에 참석한 후 못正賢 목사를 만났을 때 그는 이미 많이 지쳐 있었다. 전날 토요일 특별히 여섯 번의 설교를 하여 피곤이 덜 풀린 상태라고 했다. 4,000원짜리 콩나물국밥으로 점심을 때우면서 그는 대형 교회 목사직을 「新 3D업종」이라고 소개했다.

『종합병원 원장, 대학총장, 대형교회 목사를 新 3D업종이라고 생각합니다. 그래도 병원장과 대학총장은 도덕적 의무는 없잖아요. 목사는 도덕적 의무까지 지고 있으니 가장 힘든 업종이죠.』

吳正賢 목사는 토요일 새벽기도를 인도하고 일요일에 여섯 번 설교한다. 주중에는 순장교육을 비롯한 다양한 업무를 하느라 밤 9시나 되어야 귀가할 수 있다. 2007년 12월 4일 오후 2시에 취재약속을 했으나 저녁 8시에 만나자는 연락이 왔다. 인터뷰가 끝나자 영상촬영이 기다리고 있었다.

그는 지난 4년을 되돌아볼 때 다시 하라면 못 할 것 같다고 했다. 그동안 얼마나 고생했는지 어금니가 상해서 임플란트를 했다며 『겉만 멀쩡하지 속은 갔어』라며 혼잣말처럼 말했다. 吳正賢 목사는 『개척교회 정신으로 뛰면서 마치 高3 수험생처럼 산다』라고 했다.

4. 지성에다 열정이 더해진 교회

吳正賢 목사가 부임한 뒤 교회 분위기는 어떻게 변했을까. 그는 한때 지휘자를 꿈꿨을 정도로 음악에 조예가 깊다. 남가주 사랑의 교회 담임을 할 때 찬양예배를 직접 이끌었었다. 지금도 설교를 끝낸 뒤 찬양을 할 때면 테너와 베이스 파트를 자유자재로 넘나든다. 이동통신업체 KTF 광고로 떠오른 신예 스타 서단비 씨는 사랑의 교회를 「굉장히 젊은 교회」라고 소개했다.

『젊지만 어른들이 어색해하지 않은 분위기예요. 어른과 청년이 어울리면서 같이 즐거워하는 교회입니다. 정숙함을 바탕으로 역동성이 있어서 좋아요. 吳 목사님을 처음 뵌 건 2005년 월드컵경기장에서 있었던 미국 새들백교회 릭 워렌 목사님 집회 때였어요. 그때 吳 목사님이 사회를 맡았는데 펄쩍펄쩍 뛰고 박수를 치면서 찬송하시더군요.

다윗처럼 하나님 앞에서 열정을 숨기지 않는 분이라는 생각이 들었어요. 뉴질랜드에서 귀국한 지 얼마 안 되어 출석 교회를 정하지 못하고 있던 중에 사랑의 교회로 왔죠. 말씀을 전할 때 쉽게 풀어 가면서 핵심을 딱딱 짚어 주셔서 아주 좋아요.』

목사 부임 이후 사랑의 교회 분위기는 많이 바뀌었다. 제자훈련을 하는 차분하고 지성적이던 사랑의 교회에 활기가 더해져 역동적인 젊은 교회로 탈바꿈했다.

교회는 대개 전임 목사와 비슷한 스타일의 후임 목사를 원한다. 눈을 감고 설교를 들으면 전임과 후임을 구별하기 힘들다는 우스갯소리가 있을 정도이다. 父子세습교회에서 내세우는 명분이 교인들의 혼란을 막고 교회를 안정적으로 이끌어 가기 위함이라는 것이다. 玉漢欽 목사는 吳正賢 목사가 자신과 다르다는 점 때문에 후임으로 선택했다고 한다.

5. 『나와 달라서 선택했다』(玉漢欽)

『이건 내 주관입니다만, 사랑의 교회가 25년 동안 玉 목사와 살았는데 나와 비슷하거나 같은 사람을 또 모셔서 20년, 25년을 보내는 것은 무리라고 생각했습니다. 吳 목사는 나와 목회철학만
같을 뿐이지 다른 것은 너무 대조적입니다. 사랑의 교회가 건강한 체질을 유지하

려면 나와 다른 사람이 와서 목회를 하는 것이 도움이 되겠다고 생각했습니다. 4년을 겪으면서 보니 내가 판단한 게 옳았어요.』

『내가 목회할 때는 전체 교회 분위기가 차분했어요. 지금은 뜨거워요. 나를 통해 다져진 좋은 점들 위에서 내가 메우지 못했던 부분을 吳 목사가 메워 주고 있지요. 지도자가 어떤 성향의 사람인지에 따라 교회 문화는 차이가 많이 납니다. 우리는 서로 보완하는 원원 작전을 쓰고 있습니다』

전임과 후임이 다를 경우 위험부담이 생기는 게 사실이다. 玉漢欽 목사는 그 점에 대해 이렇게 말했다.

『오픈해서 받아들이면 순기능을 발휘하지만, 비판적으로 보면 전부 충돌할 수 있는 요소가 됩니다. 전임자와 후임자가 충돌하고 불편한 관계를 형성하면 좋은 것도 역기능이 될 수 있어요. 吳 목사는 자신의 기량을 최대한 살리고, 나는 내 역할이 뭔지 헤아려서 해주면 됩니다』

두 목사를 오랜 기간 지켜본 한목협 사무총장 이상화 목사는 사랑의 교회 지평이 넓어졌다고 평가했다.

『玉漢欽 목사님은 냉철하고 정확한 논리로 무장된 분입니다. 吳正賢 목사님은 순수한 열정으로 뜨거운 분이죠. 玉 목사님이 다져 놓은 단단한 토대 위에서 吳 목사님이 열정을 발휘하면서 시너지효과가 크게 나타나고 있습니다. 교회가 스펙트럼이 넓어지고 균형감각이 생겼습니다.

玉 목사님이 개인적 기도를 강조하면서 토대를 다져 놓은 데서 吳 목사님은 나라 · 민족 · 통일 · 사회 현상이라는 공동체적 기도로 지

평을 넓혔습니다. 吳 목사님이 소신껏 활동할 수 있었던 것은 玉 목사님의 전적인 위임이 있었기 때문에 가능했습니다. 그동안 교계에서 없었던 일이죠.』

6. 『목회를 그만두고 위기감 느껴』(玉漢欽)

玉漢欽 목사는 吳正賢 목사가 부임한 이후 자신이 할 일을 「2선에 물러나 있는 것」으로 정했다.
『교회와 교인을 위해, 후임자를 위해 어느 것이 좋은지를 생각했을 때 吳 목사가 자리를 잡을 때까지 내가 2선에 물러나 있어야겠다고 판단했습니다. 몇 배나 큰 교회로 오게 되었으니 오는 사람으로서는 초긴장이지요. 전임자의 실수나 실패로 어려움을 겪는 교회라면 오히려 나아요. 후임자가 조금만 잘하면 빛이 나니까. 당시 사랑의 교회는 수치로 보나 목사와 교인 간의 관계로 보나 최전성기였거든. 이런 교회에는 후임이 와서 어지간히 잘해도 광이 안 나요. 그 위치에 서보지 않으면 중압감을 이해 못 합니다. 같은 동역자로서 내가 해줄 수 있는 일이 뭘까. 저 사람이 마음껏 역량을 펼 수 있도록 내가 조금 비켜 주자고 판단한 거죠.』

玉漢欽 목사는 吳正賢 목사가 부임한 이래로 지난 4년 동안 아끼는 목사는 물론, 친한 장로와 권사들, 자신이 수년간 훈련시킨 평신도 순장 1,500명과 개인적인 통화를 거의 하지 않았다. 원로목사가 되면 대개 한 달에 한 번씩 설교를 하지만, 玉 목사는 일 년에 두세 차례 강단에 서는 것으로 그쳤다. 일요일이면 오전 6시에 나와 뒷자리에서 예배드린 후 바로 돌아갔고, 교회 內에 있는 원로목사 사무실을 사용하지 않았다.

서울 서초구 남부터미널 인근에 있는 국제제자훈련원 원장 역할만 담당했다. 국제제자훈련원에서 지난 21년 동안 훈련받은 국내외 담임 목사가 1만 7,000명에 이른다. 玉漢欽 목사는 처음 6개월간 위기를 느꼈다고 한다.

『나에게 있어서 내 사역의 노른자위는 목회입니다. 나는 절대 안 그럴 거라 생각했지만 손떼고 나면서 만만치 않은 위기를 느꼈어요. 갑자기 직장에서 쫓겨난 사람, 실직당한 사람의 심정을 비로소 알게 되었지요. 목회의 최전선에서 물러났다는 건 모든 걸 내려놓는 겁니다. 8개국과 연계한 국제제자훈련 사역을 열심히 하면서 인내로 그 시간을 이겨 냈지요.』

7. 지위만 주고 「파워」 안 주는 대형 교회

吳正賢 목사는 후임자의 태도가 중요하다고 말했다.『대형 교회에 서 후임에게 포지션(지위)은 주지만 파워(힘)는 안 물려주는 경우가 많습니다. 껍데기 옷만 입고 있는 거죠. 玉 목사님은 저에게 포지션뿐 만 아니라 파워까지 물려주셨어요. 제가 목양적 소신을 갖고 역동적 으로 움직일 수 있게 해주셨지요. 후임은 전임의 발자취를 없애려고 합니다. 없앤다고 그게 없어집니까. 작은 교회라면 모를까, 초대형 교 회는 후임이 모든 걸 차고앉아서 할 수 없습니다. 玉 목사님께「원하 는 대로 다 뛰십시오. 저도 뛰겠습니다. 우리 교회는 담임목사가 둘입 니다」라고 했습니다』

- 전임과 후임 목사님보다 주변 사람들이 더 문제라고 하더군요.
『玉 목사님과 저의 신뢰가 깊어 중간에 다른 이가 낄 수 없습니다. 우리는 공동운명체입니다. 한 사람이 어려워지면 서로 어려워진다는 생각을 하고 있습니다. 한국교회의 세대교체가 잘 안 되다 보니 우리 교회가 마지막 보루처럼 되었습니다. 마지노선이 무너지면 많은 게 무너진다는 역사의식을 갖고 출발했습니다. 玉 목사님과 저는 「멘토(스승)」와 「멘제(제자)」의 관계에서 사역계승을 이룬 첫 번째 사례라고 할 수 있습니다.』

코스타 국제본부 총무 郭秀光(곽수광) 목사는 사랑의 교회 세대교체를 「한국교회에 희망을 주는 쾌거」라고 했다.

『예전 교회는 기득권이라는 것이 없었습니다. 한국교회에 파워가 생기면서 세대교체로 잡음이 생기게 된 거죠. 세대교체가 제대로 되지 않으면 세계교회에 자랑할 만한 한국교회의 부흥을 전수하기 힘듭니다. 제대로 된 세대교체가 가능하다는 것을 보여 준 것 하나만으로 사랑의 교회가 한국교회에 기여한 점이 절대적입니다. 사랑의 교회의 위상이 그전과 비교할 수 없을 정도로 올라갔습니다. 이 모델을 잘 연구해서 한국교회가 배워야 합니다.』

미국 샌디에이고 예수마을교회 담임 李承鍾(이승종) 목사는, 「이민교회에서 사랑의 교회를 관심 있게 바라보고 있다」라고 전했다.

『물려주는 것과 밀려나는 건 다릅니다. 힘 있을 때 제자에게 교회를 물려준 玉漢欽 목사님은 큰 분입니다. 吳正賢 목사님에게 한국교회의 지평을 열어야 할 사명이 있다고 봅니다. 吳 목사님에게 차세대 한국교회 사역의 수문장 같은 역할을 기대합니다』

8. 행동으로 모범을 보인다

- 吳 목사님은 사랑의 교회를 어떤 교회로 만들어나갈 계획입니까.

『개척의 토대인 제자훈련의 정신을 잃지 않는 교회, 한국교회 영성과 강점을 세계화하는 데 힘쓰는 교회로 만들고자 합니다. 저는 개척교회 목사 아들로 개척교회의 艱難辛苦(간난신고)를 아는 사람입니다. 우리 교회는 권위를 내세우는 교회가 아니라 각자의 영역에서 영적 역동성을 갖는 교회입니다.

자신의 은사대로 봉사하는 역할을 잘 감당하는 게 중요합니다. 제자훈련을 받은 순장 3,000명이 활동하면서 엄청난 힘을 발휘하고 있습니다. 역동적인 교회, 자기가 속한 영역에서 영적 再生産할 수 있는 구조를 만들어 가는 것이 목표입니다.』

- 가장 신경 쓰는 부분은 어떤 것입니까.

『메시지 전달에 총력을 기울입니다. 우리 교인 2분의 1은 강남지역에 거주하지만 천안에서 오는 사람들도 있습니다. 두 시간 동안 차 타고 온 사람을 그냥 보낼 수 없다는 각오로 월요일부터 토요일 밤까지 설교준비에 매달립니다. 찬양과 광고시간을 통해서도 감동을 안겨야 한다는 생각을 갖고 일합니다.

우리 교회에는 법조인만 200명입니다. 대학교수를 다 모으면 종합대학을 만들고 남습니다. 그런 자원들이 선한 영향력을 발휘해 자신의 위치를 낭비하지 않도록 잘 이끌어 나가는 게 제 임무입니다.』

吳正賢 목사는 『인간적인 즐거움은 별로 없다』라고 말했다. 건강을 위해서 가끔 조깅을 하고, 2주일에 한 번 정도 혼자 산을 오르는 것이 유일한 취미생활이다.

- 서울 강남 중심가에서 목회를 하는데, 강남사람에 대한 우리 사

회의 거부감을 어떻게 생각하십니까.

『가진 사람이 「노블레스 오블리주」해야죠. 우리 사회는 가진 자가 적고, 가난한 사람이 많은 피라미드 구조입니다. 아래쪽에 있을수록 자유가 많고 하고 싶은 거 다 해도 상관없어요. 위로 올라갈수록 하고 싶다고 다 할 수 없어요. 내가 할 수 있는 것 중에서 하나를 덜해야 합니다. 조금 더 경제적으로 자리 잡히면 많은 것이 용납되고 덜 싸우게 될 겁니다.』

吳正賢 목사는 5년 된 그랜저를 타고 다닌다. 연말이면 당회에서 더 좋은 승용차를 사주겠다고 하여 실랑이가 벌어진다.

청년사역을 중요하게 생각하는 그는, 젊은이들에 대해 큰 걱정을 하지 않는다고 했다.

『지금 청년·대학생은 우리보다 훨씬 여건이 좋고 신체조건이 뛰어납니다. 지식정보력, 세계화 모든 게 마련되어 있어요. 딱 하나 자기 연단, 자기 절제만 잘하면 됩니다. 자기 꿈을 불태울 수 있는 소명 받은 자로 만들기 위해 노력하고 있습니다.』

―안티 기독교 세력에 대해서 어떻게 생각하십니까.

『안티세력이 등장한 건 한국교회가 그만큼 강해졌다는 반증입니다. 우리가 스스로 자정 능력을 갖춰야 하는데 그런 능력이 없다고 생각하니 공격이 많은 겁니다. 기독교 자체 內에서 자정 능력을 발휘해야지요』

吳正賢 목사는 사랑의 교회는 비판으로부터 비교적 자유롭다고 말했다.

『우리 교회는 700명 모일 때 지은 본당을 지금까지 사용하고 있습니다. 세계교회사에 없는 일입니다. 본당 좌석이 2,200석인데 매주 수

만 명이 출석하고 있습니다. 예배 30분 전에 줄을 서야 본당에 들어 갈 수 있습니다. 교회 앞에 있던 술집과 목욕탕이 예배실로 바뀌었습니다. 하드웨어를 움직이기 위한 투자가 없어서 몸이 가볍습니다.』

9. 玉漢欽 목사, 2008년부터 설교 시작

<table>
<tr>
<td>

吳正賢 담임목사
1956년 경북 의성 출생
숭실大 영문과 졸업
바욜라大 탈봇 신학대학원,
미시간 칼빈 신학대학원에서 수학
남아공 포체스트룸 대학교 신학부 박사
現 사랑의 교회 2代 담임목사,
중국 연변 과학기술대학 이사장,
청년목회자연합 이사장

저서 『열정의 비전메이커』,
　　『사람을 세우는 설교』,
　　『신동행기』 등

</td>
<td>

玉漢欽 원로목사는 2008년부터 두 달에 한 번 정도 설교를 할 계획이라고 했다.

『내가 설교함으로써 吳 목사의 사역이 좀 더 탄력받을 수 있습니다. 2007년 11월부터 장로님들과 권사님들을 조금씩 만나기 시작했습니다. 다들 반가워하셨지요. 吳正賢 목사와 나의 관계를 알기 때문에 쓸데없는 얘기를 할 필요가 없습니다. 교회에 필요한 사역, 吳 목사 사역을 위해서 좋은 대화가 오갑니다.』

玉漢欽 목사는 4년이 지난 지금이 진정한 출발선이라고 진단했다.

『우리 교회가 세대교체를 하면서 좋은 이미지를 심었고, 제가 조기은퇴를 함으로써 주목의 대상되었죠. 거기에 뉴 페이스인 吳正賢 목사가 신선함을 주면서 교회 때문에 방황하던 분들이 우리 교회에 와서 정착했어요.
세대교체, 조기은퇴, 신선한 감동이식은 지금부터 사역이 시작됩니다. 교회가 커서 좋을 거 없습니다. 이제부터 질적으로 한국교회 안에서 제 역할을 해야 합니다. 사회·국가·교회적으로나 영향력이 미미하다는 게 마음 아프고 부족한 부분입니다. 책임을 지고, 영향력을 갖는 교회가 되어야지요..』

</td>
</tr>
</table>

　　큰 교회를 이끌어 가는 비결을 물었을 때 吳正賢 목사는 「한 사람도 소외되지 않는 교회를 지향한다」고 말했다.

『우리 교회는 풀타임 상담직원이 6명입니다. 소외된 사람의 목소리에 귀를 기울이기 위해서죠. 교회 규모에 비해 부교역자가 많습니다. 전체 135명의 교역자 중에 목사가 100명입니다. 제가 전체 교인을 다 만날 수 없으니 좋은 부교역자를 모셔서 우리 교인들을 잘 섬기자는 것이죠. 교인 한 분 한 분을 위한 「맞춤형 목회」가 제 목표입니다. 또한 앞 세대 목사님들은 기독교 역사적 역할이 있었다면, 저는 문명사적 · 정신사적 · 민족사적 책임이 있다고 생각합니다.』

사랑의교회 주보에는 교회 사진대신 한반도 사진과 「민족 분단의 상처를 싸매며, 성도를 치유하는 공동체」라는 문구가 담겨 있다. 2007년 12월부터 2008년 2월까지 「겨울 사역을 위한 집중비전 기도」의 제목은 「기도의 눈물이 흐르는 곳으로 민족의 방향이 결정됩니다」이다.

10. 통일한국을 대비하는 교회

네 가지 큰 기도제목 가운데 「나라와 민족」, 「북한과 세계선교」가 들어 있었다. 17대 大選을 앞두고 40일 연속 금식기도를 실시했다. 교인들이 하루나 이틀씩 자원해 40일 동안 계속 기도를 이어간 것이다.

－통일한국을 앞두고 사랑의 교회는 어떤 역할을 하기 바랍니까.
『독일이 통일되기 전에 동독의 성니콜라이교회가 구국의 촛불을 들었습니다. 그 열기가 동독 전체 교회로 번져 나가면서 독일교회들이 통일을 위한 영적 준비를 했습니다. 우리나라는 10년 內로 통일될 것입니다. 많은 징조들이 있습니다.

통일을 앞두고 교회가 기도로 준비해야 합니다. 우선 기독교인 900만 명이 북한에서 고통당하는 300만 명을 먹여 살려야 합니다. 우리 교회는 올해 통일예산을 세울 계획입니다. 지금까지 한국교회가 북한 주민을 위해 많은 일을 했지만 앞으로 더욱 구체적으로 준비해야죠. 갑작스러운 통일은 재앙이지만 준비된 통일은 축복입니다』

사랑의 교회에는 탈북자를 위한 새터민 예배가 마련되어 있으며, 오래전부터 정기적으로 북한 고아들을 돕고 있다. 뿐만 아니라 세계 각국의 재난지역을 위한 구호활동을 활발하게 펼치고 있다. 매년 장기기증운동과 헌혈운동을 펼치는 등 사회를 향한 실천을 계속 실시하는 중이다.

11. 『교회는 시대의 키잡이』(吳正賢)

연변과기대 이사장직을 맡고 있는 吳正賢 목사는 「앞으로 중국 사역에 관심을 많이 가질 예정」이라고 했다. 그와 함께 한국기독교 위상을 세계화하기 위한 기독교 통신사 설립을 계획 중이라고 한다.

- 우리나라의 미래를 어떻게 전망하십니까.

『유대인을 제외하고, 가장 많은 비율의 국민이 세계 각국에 퍼져 있습니다. 178개국에 700만 명이 흩어져 있습니다. 일본사람들은 만나면 골프나 치지만, 한국사람들은 매주 세계 5,000여 명의 이민이 교회에 모여서 도덕적 강화수준 내지 전당대회를 하고 있습니다. 엄청난 세계화입니다. 대신 교회 지도자들이 방향을 잘 잡아 줘야 합니다.

한국사회는 우선순위와 전략적 사고를 다시 회복해야 합니다. 어느 분야든 잘 준비된 사람이 알맞은 역할을 맡아야 합니다. 조정 경기의 키잡이(cox)는 비록 작은 체구지만 건장한 조수들을 지휘해 목적지까지 끌어갑니다. 교회는 시대의 키잡이가 되어 우리 사회에서 분출되는 에너지를 공의롭고 선한 곳으로 끌어감으로써 이 민족의 진운에 새로운 지평을 여는 역사의 嚮導(향도)가 되어야 합니다. 거룩한 「새판짜기」가 필요한 때입니다. 우리나라가 키잡이처럼 주변 강대국들을 이끄는 복음의 허브(HUB)가 되어야 합니다.』

吳正賢 목사는 切磋琢磨(절차탁마)하면서 신앙본질을 지켜나가겠다고 했다.

『사람이 많이 나온다고 감동받는 시기는 지났습니다. 참교회상으로 돌아가야 합니다. 예수님은 이 땅에 죄인을 구원하고, 신실한 사람을 키우고, 섬기러 오셨습니다. 「모든 족속을 제자 삼으라」라는 사명과 「서로 사랑하라」는 계명을 실천하며 열심히 달려야죠.』(조선주간 李根美, 자유기고가)

5장

멘토 교육
: 365 프로젝트

1. 멘토 미팅활동: 365 영역별 목표

◆ 멘토의 미팅활동은 소속 조직의 특성과 형편을 감안한 활동 목표를 설정해야 한다.

◆ 멘토를 통해 조직이 미래의 핵심인재를 육성하고 현장에서 업무/학습 성과를 도출한다.

◆ 각자의 특성에 맞는 소질을 계발하고 잠재력을 발굴하여 지도함으로써 희망을 가질 수 있도록 도와주는 멘토링 시스템을 운영한다.

기업목표	학교목표	대학목표
신입 직원 적응력	학습능력 향상	신입생 적응력
경력/업무 숙달	학생 생활 개선	학습능률 향상
노사 간 화합촉진	교사 자기 장학	취업률 향상

교회목표	공공기관목표	청소년단체목표
새 신자 적응력	신규직원 정착	청소년 선도
재적/ 출석향상	업무/기술숙달	슬럼프 회복
중보기도 활성화	대민 성과 향상	미래 리더 개발
	전문 자격 취득	

2. 멘토 미팅활동: 365프로젝트 일정표

오늘날 조직에 적용하는 멘토링의 특징은 도입을 원하는 조직에서 12개월 등 일정기간을 필요로 하는 365 프로젝트(Project)개념에서 활동목표에 따라 프로그램이 필요하게 된다.

왜냐하면 조직에 적용하는 멘토링은 조직의 특성상 투자의 개념과 성과 측정 차원에서 평가가 뒤따르는 것이 필수적이기 때문에 체계적인 시스템으로 접근이 필요하기 때문이다.

조직 개발용으로 체계적인 프로그램을 제도적 멘토링(System Mentoring)이라 부르며 구체적으로 12개월 동안 준비과정, 도입과정, 활동과정, 평가과정에 적용하는 프로그램을 말한다.

구 분	예비1	예비2	예비3	실행1	2	3	4	5	6	7	8	9	10	11	12	비고
준비과정 1) 시스템 구축 2) 환경분 3) 목표설정	□	□	□		○	○	○	○	○	○	○	○	○	○	○	○
도입 과정 1) Workshop 2) 결연식	○	○	○	□	○	○	○	○	○	○	○	○	○	○	○	○
활동과정 1) 주월계간 2) 개인활동 3) 그룹활동	○	○	○	□	□	□□	□	□	□□	□	□	□□	□	□	□□	○
평가과정 1) 중간평가 2) 결과평가 3) 멘토인증	○	○	○	○	○	□	○	○	□	○	○	□	○	○	□	○

3. 멘토 미팅활동: 365 프로젝트 4-Process

Process 1-준비과정

준비과정 단계	과정진행 프로그램
환경분석 ⇩ T F Team ⇩ 운영매뉴얼	준비과정은 시행 전 3개월동안 멘토링 활동 12개월 실행을 위하여 미팅교회 운영매뉴얼을 작성하고 4개 프로그램-관리, 교육, 활동, 평가- 을 설계한다. [교회 환경분석(토양-Soil-테스트)] 　1) HPI 행복지수 진단도구　2) HCI 희망지수 진단도구 　3) SWOT 강약지수 진단도구 [TF Team] 　1) 교회 멘토링 위원장　2) 모니터(매니저)　3) 멘토/멘제 [운영 매뉴얼 5가지 선행 조건 작성] 　1) Project(활동목표)　2) 활동기간　3) 활동시종　4) 멘제그룹　5) 멘토그룹

Process 2-교육과정

교육과정 단계	과정진행 프로그램
멘토/멘제 선정 및 교육 Workshop겸행 / 멘토 결연식 멘제 / 1:1 결연식 진행	교육과정은 활동개시 Workshop을 시작으로 멘토/멘제 상견례 그리고 1시간 정도 당회장 참석 하에 결연식 순서를 진행하고 마지막으로 이벤트식 만찬에 멘토/멘제를 초대한다. [교육과정] 　전문가과정-20~80H 　멘토과정-08~60H 　목회자과정-04~40H 　Workshop-04~20H 　인격개발과정-08~40H [결연식] 　멘토/멘제 1:1 결연식 프로그램진행

Process 3-활동과정

활동과정 단계	과정진행 프로그램
개인/그룹 미팅 모니터링 상담/설문 보고활동 문제점 발견 대응활동	활동과정은 멘토/멘제가 12개월 동안 개인활동, 전체모임인 그룹활동 등을 위한 프로그램이다. 활동 촉진을 위하여 주간별 서비스, 월간서비스, 계간서비스, 마지막 종료 서비스를 제공한다. **주/월간미팅 개인활동** 1) 주간 정기 미팅활동 2) 월간 정기 미팅활동 **월간보고활동** 1) 멘토 월간활동보고서 **계간미팅 그룹활동** 1) 보수교육 2) 중간 평가 3) 그룹친목회

Process 4-평가과정

평가과정 단계	과정진행 프로그램
멘토링 성과측정 측정결과 토의 결론 상호존중	평가과정은 멘토링 참가자들에게 책임감과 자부심을 갖게 하는 것으로 정량/정성평가로 구분하여 실시하고 종료 후에 멘토 인증서를 제공한다. [정량평가] 1) 유지율 2) 정착율 3) 성과율 4) 확보율 5) 달성율 6) 회수율 [정성평가] 1) 멘토링 사역 만족도 2) 관계 만족도 3) 활동 만족도 4) 교회조직 만족도 [인증서 수여] 1) 멘토인증서 수여

Mentor 행동지침 Acting Rule

오늘날 우리 사회에는 멘토 열풍이 불고 있다. 이에 보완하는 프로그램으로 멘토와 멘제가 멘토링 활동에서 일정기간에 일정한 목표를 갖고 활동하는 데는 거기에 상응하는 행동지침(Acting Rule)이 필요하게 된다. 여기에 첫 출발부터 마무리 할 때까지 멘토의 성공적인 활동 촉진을 위하여 운영에 필요한 12가지 행동지침을 소개한다.

지침 1: 멘토 스타트(Start)

1. 멘토 첫 출발(Start)
멘토링을 시작할 때 주의해야 할 점이다.

멘토 자신이 효과적으로 멘토링할 수 있는 멘제를 찾는 것이 성공적인 멘토링의 첫 단추다. 여기에 한 가지 더하자면, 멘제와의 관계가 어떤 모습이 될 것인지 미리 구상하고 있어야 한다. 멘제가 멘토에게 무엇을 어느 정도 기대해야 하는지, 서로 관계의 선은 어느 정도 설정하는지, 멘토링의 잠재적인 위험과 이득은 어떤 것인지 서로 공유해야 한다.

뛰어난 멘토 가운데는 처음부터 시작과 전개는 물론 언제 끝날 것인가까지 계획하고 멘토링을 시작하는 사람도 있다. 멘토는 반드시 장기적인 목표를 가지고 시작해야 한다. 멘토는 멘제가 성장할수록 자립할 수 있는 능력도 커질 것을 계획에 넣고 공식적으로 멘토링을 끝낼 시점을 예상하고 있어야 한다.

그리고 멘토링이 진행되는 동안에는 멘제에게 얼마나 생산적인 도움을 주고 있는지를 주기적으로 평가해야 한다.

[행동지침]

1) 물과 기름처럼 절대 어울릴 수 없는 멘토와 멘제가 있다.

2) 서로의 기대 수준을 명확히 밝히고 솔직하게 이야기하라.

3) 해야 할 것도 많지만 하지 말아야 할 것도 있다.

4) 인간관계 스타일에 따라 멘토링의 양상도 달라진다.

5) 멘토링 관계의 득과 실을 숨김없이 이야기하라.

6) 남성 멘토와 여성 멘제 사이는 더욱 세심한 주의가 필요하다.

7) 멘토링 초기부터 관계의 발전, 변화, 종료를 대비하라.

8) 정기적인 반성과 평가의 자리를 계획하고 마련하라.

2. 멘토 기술(Technic)
반드시 알아야 할 기본적인 멘토 기술이다.

멘토링의 기술은 모두 쉽게 배우고 익힐 수 있는 것들이다. 적절한 태도와 필요한 지식을 갖춘다면 누구나 훌륭한 멘토가 될 수 있다.

하지만 여기에 소개할 멘토링 기술은 일류 기술자의 공구 상자에 불과하다는 사실을 잊지 말자. 실제로 공구를 제대로 사용하는 것은 전적으로 기술자의 재량에 달려 있다. 실력 있는 기술자라면 주어진 일에 맞게 적절한 공구를 사용할 수 있다.

또한 한꺼번에 모든 공구를 사용할 수 없다는 것, 어떤 일에는 특별히 더 중요한 공구가 있다는 사실을 잘 알고 있다.

훌륭한 멘토도 마찬가지다. 멘제 개인의 특성과 상황을 파악해 적절한 멘토링 기술을 사용해야 한다. 공구 상자 속에 공구를 갖추는 것만으로 훌륭한 멘토가 될 수 없다. 좋은 결과를 얻으려면 공구 사용법을 잘 알아야 한다.

[행동지침]

1) 멘제를 선정할 때는 최대한 신중하라.

2) 멘제의 모든 것을 속속들이 연구하라.

3) '완벽'이 아니라 '최고'를 기대하라.

4) 멘제는 멘토의 칭찬을 먹고 산다.

5) 세심한 스폰서가 되어 권력을 나누어 주라.

6) 비공식적인 가르침이 더 오래 남는다.

7) 정신적 지주가 되어 격려하고 지지하라.

8) 경험자의 조언은 어려울 때 힘이 된다.

9) 신중하고 적극적인 태도로 멘제를 보호하라.

10) 어렵고 힘든 과제는 멘제의 성장을 촉진한다.

11) 멘제의 성공을 널리 알려 존재감을 부각시켜라.

12) 엉뚱하고 기발한 상상력에 끊임없는 응원을 보내라.

13) 잘못된 것은 즉시 지적하고 바로 잡아라.

14) 칭찬은 아끼지도 말고 미루지도 마라.

15) 멘토의 실수담에 멘제는 용기를 얻는다.

16) 친밀감과 우정을 자연스럽게 받아들여라.

17) 일 중독에 빠진 멘토는 가장 나쁜 본보기다.

18) 백문이 불여일견! 업무현장에 멘제를 초대하라.

19) 멘제의 시간과 약속은 무조건 지켜라.

지침 3: 멘토 스타일(Style)

3. 멘토 스타일(Style)
멘토가 갖추어야 할 스타일과 성격을 소개한다.

훌륭한 멘토의 스타일과 성격은 대안관계에서 표출되는 공통점이 분명히 있다. 누구나 그렇듯이 멘제는 따뜻한 성품에, 상대의 말을 잘 들어주며, 넓은 포용력을 가진 멘토에게 쉽게 마음을 열고, 또 가장 많은 도움을 받는다.

멘제의 가치관에 대한 존중심, 멘제에 대한 예민한 감수성, 신뢰감과 유머감각도 중요하다.

멘토는 멘제와 관계에서 어떤 스타일로 접근할 것인가의 문제는 스스로 노력하면 혼자서도 충분히 개선할 수 있다.

[행동지침]

1) 따뜻한 태도와 열린 마음은 중요한 양분이 된다.

2) 적극적으로 듣고 진지하게 대답하라.

3) 실패를 겪고 있을 때도 일관된 관심과 애정을 보여라.

4) 이상적인 모델이 되어 멘제의 존경을 받아라.

5) 유머감각은 걱정, 근심, 두려움을 없애 준다.

6) 멘제의 인간적인 결점까지 있는 그대로 받아들여라.

7) 인간관계가 생산적인 멘토링의 열쇠다.

8) 있는 그대로 말하고 말한 그대로 행동하라.

9) 이상과 목표, 가치관이 다르더라도 받아들이고 존중하라.

10) 멘제의 성공을 질투하지 마라.

4. 멘토 스마일(Smile)
멘토의 웃는 얼굴은 멘제를 즐겁게 한다.

'웃는 얼굴에 침 뱉지 못 한다'는 속담이 있다. 멘토가 밝게 웃는데 멘제가 화난 얼굴로 멘토의 감정을 무너뜨리는 멘제는 극히 드물다. 오히려 멘토의 미소에 전염되어 멘제도 즐거운 미소를 머금게 될 것이다. 유창한 화술보다 더 큰 힘을 지닌 것이 바로 미소다.

많이 웃으면 웃을수록 에너지가 생성되어 건강에까지 좋은 영향을 미친다는 웃음. 멘제를 만났을 때 멘토가 가장 먼저 해야 할 일은 바로 미소 짓는 것이다. 미소 짓는 얼굴, 그 얼굴에 말보다 더 소중한 아름다운 언어가 숨어 있음을 알아야 한다.

[행동지침]

1) 멘제와의 첫 번째 언어는 미소다.

2) 멘토가 되려면 미소부터 익혀라.

3) 눈이 웃어야 한다.

4) 멘제도 웃게 하라.

5) 어려운 대화일수록 미소를 담아라.

6) 큰 소리 내어 웃지 마라.

7) 입을 다 벌리거나 몸을 크게 움직이지 마라.

8) 웃을 때는 시원하게 웃어라.

9) 위트(Wit)는 대화의 장벽을 무너뜨린다.

지침 5: 멘토 테마(Theme)

5. 멘토 테마(Theme)
핵심 있는 대화가 멘제를 끌어 잡아당긴다.

말을 오랫동안 많이 하는 것이 결코 말을 잘하는 것은 아니다. 한 시간 동안 대화보다 10분간의 대화가 더 알차고 효과적일 수 있다. 바로 테마가 있는가 없는가 이다.

사랑하는 연인들의 속삭임이 아니라면 멘제와 대화는 목적이 뚜렷해야 하며 그에 따른 효과가 있어야 한다. 의미 없이 떠들어 대는 말은 대화가 아닌 그저 잡담 내지는 수다일 뿐이다.

멘토 당신은 평소 대화에서 당신이 전하고자 하는 테마를 얼마나 잘 이끌어 가는가?

[행동지침]

1) 주제를 정확하게 밝혀라.

2) 멘제의 수준에 맞춰라.

3) 멘제의 관심사를 건드려라.

4) 멘토 혼자서만 말하지 말고 질문을 던져라.

5) 멘제가 말할 때 공감한다는 표정을 지어라.

6) 멘제의 표정을 읽어라.

7) 사례가 길면 테마가 흐려진다.

8) 숫자는 가장 빠르게 신뢰를 불러온다.

9) 테마를 잃지 않으려면 사전에 글을 디자인해라.

10) 시작과 마무리는 같아야 한다.

6. 멘토 마인드(Mind)
멘토가 멘제에게 마음속의 진실을 말할 때 감동한다.

'마음에도 없는 말하지 마라. 내가 당신 속을 모를 줄 알아. 그 입에 발린 얘기 하지 좀 말라구.' 멘토가 진실을 말하는가에 대해서는 듣는 멘제가 더 잘 안다. 멘제는 멘토의 말이 진실하기를 원한다. 입으로 말하는 것이 아닌 가슴으로 하는 말이길 원한다. 마음에서 비롯된 언어는 진실이 담겨 있기 때문이다.

죄를 지은 자일지라도 진실을 말했을 때는 그에게 상응하는 도움을 주는 이유가 무엇이겠는가? 그만큼 우리에게는 진실된 말이 소중하다는 것이다. 멘제는 멘토가 진실만을 말하는 사람이길 원하며 멘토인 당신의 마음을 들을 때 멘제는 감동한다.

[행동 지침]

  1) 가슴속의 진실을 말하라.

  2) 시간을 기다리게 하지 마라.

  3) 미련을 남기지 마라.

  4) 멘토의 경험을 예로 들어라.

  5) 멘제 외의 주위 사람 말에 쉽게 흔들리지 말아라.

6) 열등감을 자극하는 말은 하지 마라.

7) 주저 없이 당당하게 말하라.

8) 칭찬은 많이 할수록 좋다.

9) 멘제는 멘토의 숨은 진실을 원한다.

7. 멘토 보이스(Voice)
멘토의 목소리 크기에 따라 멘제도 움직인다.

소리는 사람의 마음을 움직이는 힘을 지니고 있다. 슬픈 울음소리는 가슴을 찡하게 하고 밝고 명랑한 목소리는 새로운 희망과 즐거움을 갖게 한다.

알아들을 수 없을 만큼 힘없는 멘토의 목소리는 멘제로 하여금 짜증감을 갖게 하고 지나치게 큰 목소리는 과장과 허풍이 느껴진다.

대화를 나눌 때 어떤 톤의 목소리가 좋을까? 목소리는 당신의 운명을 바꿔놓을지도 모른다. 멘토 목소리의 크기에 따라 색깔 따라 멘제와의 희비가 엇갈리기 때문이다.

[행동 지침]

1) 멘토의 목소리 톤(Tone)을 낮추어라.
2) 발음을 정확히 하라.
3) 멘제와 전화 대화 시에 동시에 두 가지 답을 요구하지 마라.
4) 멘토의 힘없는 목소리가 멘제의 사기를 저하시킨다.
5) 지나치게 큰 목소리는 신뢰를 떨어뜨린다.
6) 주위 상황이 바뀌어도 목소리는 변함이 없어야 한다.

8. 멘토 카리스마(Charisma)
멘토의 카리스마는 뭔가 독특하고 강렬한 색깔이 있다.

말로 불쾌감을 주거나 모난 성격으로 거리감을 느끼게 하는 사람은 아니다. 하지만 카리스마를 지닌 멘토에게는 뭔가 특별한 힘이 있다. 특히 멘토의 말에는 멘제를 빨아들이는 흡인력 같은 것이 느껴진다. 대체 그게 무엇일까?

멘토의 말과 행동 자체에서 멘제를 자기 사람으로 만드는 강렬한 파워가 있는 사람, 그가 가진 것은 바로 카리스마(Charisma)다.

[행동 지침]

1) 멘토의 멘제에 관한 열정은 기본이다.

2) 멘제와 활동 시에 강해야 할 때 강하게 쏟아라.

3) 말을 짧게 해야 할 때도 있다.

4) 첫 마디부터 멘제를 끌어당겨라.

5) 멘토의 독특한 외모도 힘이다.

6) 멘토의 살아 있는 눈빛에서 카리스마가 쏟아진다.

7) 멘토에게 지식의 깊이가 있어야 한다.

8) 멘토의 말에 개성을 담아라.

9) 멘토 스스로 과소평가하는 말을 쓰지 마라.

9. 멘토 에티켓(Etiquette)
멘제와 지킬 것은 철저히 지키면서 말하라.

'같은 말을 해도 그건 예의가 아니지. 지가 잘 났으면 잘 났지. 어디 대화할 때 팔짱을 끼고 말을 해. 건방지게. 우리가 초등학생이야 중학생이야. 다들 20이 넘은 성인인데.

그 무시하는 말투 좀 보라구. 또 손가락질은 왜 하는거야. 교양강좌 강의하는 선배 보라구. 그 분하고 비교 되잖아.'

사람들은 똑똑하고 말 잘하면서 거만한 사람보다는 겸손하면서도 말 잘하고 매너가 좋은 사람에게 갈채를 보낸다.

멘토가 자기 잘난 멋에 길들여져 멘제에게 예의를 갖추지 않고 무례한 행동을 보이면 멘제는 마음이 상하여 또 다시 만나기를 거부하게 된다. 멘토에게 원하는 에티켓은 매너와 겸손 그리고 인간미인 것이다.

[행동 지침]

  1) 때와 장소를 가려서 말하라.

  2) 멘제를 또 다른 멘제와 비교하지 마라.

  3) 멘제의 말을 끊지 마라.

  4) 멘토가 멘제 앞에서 하품을 절대 해서는 안 된다.

5) 공공장소에서는 톤을 낮춰라.

6) 멘제의 나이와 존칭을 동일하게 보지 마라.

7) 멘제에게 언어 선택에 주의를 기울여라.

8) 멘제에게 무의미한 단어를 반복하지 마라.

9) 멘제의 실수를 감싸주어라.

10. 멘토 액션(Action)
멘토는 먼저 매너를 생각하고 액션을 취하라.

멘토가 말을 할 때 손처리를 잘하는 것은 매우 중요한 일이다. 손은 자칫 잘못 사용하면 오버 액션이 되거나 멘제에게 매너 없는 사람으로 평가받기 십상이다. 또 서서 말을 하거나 강의할 때는 손 처리가 의외로 어렵기 때문이다.

주머니에 한 손을 넣거나 뒷짐을 지는 일, 팔짱을 끼거나 팔로 턱을 고이는 일은 아주 좋지 않은 액션이다. 멘토인 당신에게는 멘제와 대화할 때 액션의 문제가 없는가?

[행동 지침]
   1) 손은 필요할 때만 써라.
   2) 손으로 턱을 고이거나 팔짱을 끼지 마라.
   3) 어수선하게 움직이지 마라.
   4) 엉덩이를 보이지 마라.
   5) 멘제와 대화 도중 자리에서 일어나지 마라.
   6) 대화 도중 물건을 던지는 것은 폭력이다.

11. 멘토 유익(Benefit)
멘토링을 통해 멘토가 얻을 수 있는 것이다.

멘토가 되기 위해서는 반드시 자기 자신을 알고, 자신의 한계를 인식해야 한다. 자기 자신을 스스로 가꾸고 발전시켜 그의 존재 자체만으로도 멘제에게 모범이 되고자 한다. 훌륭한 멘토가 되는 법을 알고 있을 뿐만 아니라 멘토로서 자신의 행동에도 책임질 줄 아는 멘토십 실현에도 인정을 받아야 한다.

멘토는 조직에서 상급자로부터 통제를 벗어나므로 자기 스스로를 다스려야 한다. 멘제에 대한 감정도 현실적으로 통제하고, 자신이 멘제에게 행사하는 엄청난 영향력도 항상 의식해야 한다. 또한 멘토들은 무조건적인 찬사와 아부를 듣는 위치에 있으므로 겸손한 마음을 늘 가슴에 새기고 살아야 한다. 그리고 멘제와의 관계를 악용하거나 멘제를 이용하려는 것은 절대 금물이다. 자신의 욕구보다 멘제의 이익과 안전을 우선적으로 생각하는 마음이 바탕이 되어야 할 것이다.

[행동 지침]

  1) 멘토링에는 얻는 것도 많지만 책임과 위험도 따른다.

  2) 스스로 돌보는 데 게을리하지 마라.

  3) 현업에서 가장 왕성하게 활동하는 사람이 가장 훌륭한 멘토다.

4) 전문가로서의 능력에 자신이 없다면 좋은 멘토가 될 수 없다.

5) 신뢰란 멘토와 멘제를 단단하게 묶어주는 끈이다.

6) 감정을 존중하되 냉정한 자기판단을 잊지 마라.

7) 권력과 영향력을 좋은 곳에 사용하라.

8) 비판을 받아들이는 겸손한 멘토는 언제나 존경받는다.

9) 멘토링을 통해 부당한 이익을 취하지 마라.

12. 멘토 마무리(Complete)
위기를 극복하고 유종의 미를 거두는 멋진 마무리를 어떻게 할 것인가?

완전무결한 사람은 없다. 그러나 훌륭한 멘토라면 관계에서 여러 가지 문제점들-자신의 **멘토나 멘제의 배경, 가치관 차이, 상호 관심사의 불일치, 성격차이, 의사소통 차이, 기대 이하 역할 갈등, 무관심, 무능함**이 발생 할 수 있다는 사실을 인정하고, 문제를 빨리 파악하여 해결하고자 노력한다.

멘토/멘제 관계에서 문제가 생겼을 때는 모니터의 도움을 받아 멘토가 앞장서서 문제를 해결하고 관계를 회복하여야 한다. 그러나 회복이 불가능해서 관계를 정리하는 것이 최상의 해결책인 경우도 있다는 사실을 염두에 두어야 한다. 그런 경우에 멘토링 관계를 책임감 있게 마무리하는 것도 멘토의 몫이다.

수많은 멘토/멘제 관계가 제대로 된 마무리 없이 끝을 맺는다. 사려 깊은 멘토는 관계의 끝을 준비하는 것이 얼마나 중요한지를 잘 알고 있다. 훌륭한 멘토는 멘제의 자율성이 확대되고 멘토의 적극적인 개입이 줄어드는 단계에서 현명하게 마무리를 대처한다.

나아가 좋은 관계를 유지해준 멘제에게 감사와 이별의 슬픔, 멘제의 성장과 발전을 지켜본 만족감 등을 솔직하게 표현하기도 한다. 한

걸음 더 나아가 멘토나 멘제가 상호 간 자신들의 멘토링 활동을 효과적인 면을 뒤돌아보면서 진정한 멘토의 삶의 방식을 재음미해보는 것이다.

[행동 지침]

<위기극복>

1) 멘제를 보호하는 것은 가장 기본적인 임무다.

2) 충동적으로 반응하거나 문제를 회피해서는 안 된다.

3) 상황이 어려울수록 진실만을 말하라.

4) 모든 문제를 혼자 해결할 수 있는 사람은 없다.

5) 기록은 반드시 유용하게 쓰인다.

6) 지나치게 가혹하거나 편협하거나 완고하지는 않는가?

<마무리>

7) 변화와 성장이 없다면 침체와 퇴보뿐이다.

8) 멘제의 헤어짐을 감사하는 마음으로 받아들여라.

9) 뿌듯한 성취감을 가지고 이별을 준비하라.

10) 마지막 순간까지 멘토로 산다는 것.

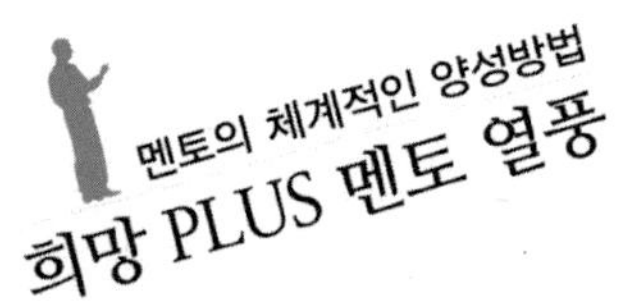

초판인쇄 | 2011년 12월 7일
초판발행 | 2011년 12월 7일

지 은 이 | 류재석
펴 낸 이 | 채종준
펴 낸 곳 | 한국학술정보㈜
주　　소 | 경기도 파주시 문발동 파주출판문화정보산업단지 513-5
전　　화 | 031) 908-3181(대표)
팩　　스 | 031) 908-3189
홈페이지 | http://ebook.kstudy.com
E-mail | 출판사업부　publish@kstudy.com
등　　록 | 제일산-115호(2000. 6. 19)

ISBN　　978-89-268-2869-4 03320 (Paper Book)
　　　　 978-89-268-2870-0 08320 (e-Book)

이담 Books 는 한국학술정보(주)의 지식실용서 브랜드입니다.